A pandemia mexeu com mui
ministério pastoral. Atordoados com todas as novidades deste tempo de coronavírus, nós, pastores, recebemos uma série de opiniões que iam do pragmatismo até a plena desilusão. Porém, o livro de Collin Hansen e Jonathan Leeman nos trouxe de volta, de maneira honesta, à solidez da sã doutrina da igreja fundamentada nas Escrituras. Trouxe ao meu coração a beleza apaixonante da igreja e o privilégio que é servi-la. Esse livro deve ser leitura fundamental para pastores, presbíteros e membros da igreja na abertura após a pandemia.

**Abmael Araujo Dias Filho,** pastor da Primeira Igreja Batista de Atibaia, SP

Ela é a Família do próprio Deus, a Noiva do próprio Cristo e o Templo do próprio Espírito. A igreja não é opcional. Ela é essencial. Somos gratos ao Senhor pela tecnologia, mas algo insubstituível e sobrenatural acontece quando o povo dele se reúne para adorar, servir e amar. Que o nosso Deus use esse livro para elevar nosso amor por quem Cristo se entregou para apresentá-la a si mesmo como igreja gloriosa.

**Alex Daher**, pastor da Igreja Batista Jardim Minesota em Sumaré, SP

Os desdobramentos da recente pandemia e as atuais polarizações socioculturais ameaçam o legado da igreja para a próxima geração. Com urgência e prudência, Jonathan Leeman e Collin Hansen revisitam prioridades e valores revelados na Palavra de Deus para o povo de Deus, a sua igreja. Você será encorajado a crer e continuar crendo nos valores e nas prioridades do Senhor, os quais devem continuar a guiar o povo de Deus em meio à confusão atual. Existe mais na igreja do que ela aparenta em sua experiência distorcida atual, e nós precisamos redescobri-la. Esse livro é um chamado para que voltemos ao plano divino revelado para igreja e por meio dela e para que perseveremos nesse plano. Trata-se de um encorajamento necessário para que a igreja siga resistindo às pressões externas de nosso momento histórico e às ameaças internas contra a nossa unidade.

**Alexandre Mendes**, pastor na Igreja Batista Maranata em São José dos Campos, SP

As pessoas precisam de respostas embasadas biblicamente para as questões que a pandemia e as restrições sanitárias ocasionaram com respeito às reuniões presenciais dos cristãos em suas igrejas. Este livro atende a essa expectativa! Abordando as diversas faces desse assunto tão complexo, os autores expõem os princípios bíblicos para que não deixemos de nos congregar.

**Augustus Nicodemus**, pastor; e autor de *Profetas* (Fiel)

Collin Hansen e Jonathan Leeman oferecem à igreja um livro "*chodo ii*" (na medida), como diriam os japoneses. Nessa pandemia, tristemente, a igreja foi envolta em muitas definições de acordo com a cosmovisão humana. Este livro ajudará cada cristão, cada servo, cada discípulo, ou seja, cada membro do corpo de Cristo a alegremente redescobrir a beleza da igreja local com a cosmovisão bíblica.

**Carlos Nagaoka**, missionário e plantador da Igreja Batista Reformada em Toyokawa, Japão

Houve uma época em que as verdades básicas sobre a igreja eram estranhas apenas aos cristãos nominais, os quais já haviam abandonado o compromisso com a igreja há muito tempo. Com a chegada da COVID-19 e a disponibilidade dos cultos transmitidos ao vivo, mais e mais crentes estão preferindo "ir à igreja" em casa. Dessa maneira, esse livro fácil de ler e rico em experiências pessoais chegou em um tempo crucial. Collin Hansen e Jonathan Leeman nos convidam a redescobrir a igreja ao saborear uma definição abrangente do que ela é. Caminhar com eles por esse livro renovará seu amor pela igreja e por seu cabeça, o Senhor Jesus Cristo.

**Conrad Mbewe**, pastor da igreja Kabwata Baptist Church em Lusaka, Zâmbia

A pandemia trouxe grandes desafios à igreja, e os recursos tecnológicos foram importantes durante esse período de restrições. Porém, da mesma forma que esses recursos ajudaram, eles também ocasionaram a relativização de elementos essenciais para a igreja. Hansen e Leeman tratam da dinâmica do evangelho na vida da igreja de forma habilidosa e bíblica e nos encorajam a permanecermos firmes em seus fundamentos. Este livro é essencial para o momento que estamos vivendo no Brasil e no mundo.

**Cristiano Gaspar**, pastor da Igreja do Redentor no Rio de Janeiro, RJ; Diretor Nacional da Atos 29 Brasil

Hansen e Leeman nos relembram o porquê discípulos cristãos devem se reunir regularmente como igrejas, ocupando o mesmo espaço físico, e devem viver o evangelho juntos como membros da igreja. Esta publicação tem uma relevância incrível para crentes novos e de longa data, bem como para não crentes. Sugiro o estudo de cada capítulo individualmente, seguido de conversas em pequenos grupos.

**David Bledsoe**, missionário da equipe teológica no Brasil da *International Mission Board* da Convenção Batista do Sul (EUA); e autor de *Igreja Regenerada* (Fiel)

Afortunadamente esta obra apresenta uma definição da igreja que é biblicamente precisa e incontestavelmente hodierna. Pois, de maneira esplendente, demonstra que a identidade da igreja é indispensável, presencial e centrada na Palavra, e o faz de maneira tão relacional que todos, de pastores a neófitos, sentem-se incluídos e encorajados a redescobrir a igreja em tempos tão abruptos para nossas comunidades. Creio que este livro vai reacender o fervor de muitos pela igreja de Cristo no mundo lusófono.

**Diego Lopes,** pastor da Igreja Baptista na Margem Sul em Lisboa, Portugal; e coordenador executivo do Martin Bucer Portugal.

Um dos assuntos mais necessários para os cristãos atualmente é o que a igreja é de fato e os deveres e benefícios de seus membros. *Igreja é essencial* nos ajuda de maneira bíblica, clara e consistente a redescobrirmos e amarmos a igreja. Além disso, os autores nos levam a um entendimento da riqueza de vivermos como irmãos na família de Deus.

**Davi Helon de Andrade,** pastor da Igreja Presbiteriana de Higienópolis em São Paulo, SP

*Igreja é essencial* é um livro oportuno e relevante, profundamente necessário para o mundo pós-pandemia. A igreja não pode mais ser subestimada; a geração atual deseja saber por que fazemos o que fazemos. Hansen e Leeman habilmente combinam mentalidade bíblica com a experiência do mundo real para produzir um manifesto sobre o que a igreja deveria ser hoje. Por que nos reunirmos fisicamente em um mundo virtual? Quem deu autoridade à igreja para proclamar a verdade? Como amamos os que estão dentro e os que estão fora da igreja? Como praticamos o difícil amor da disciplina eclesiástica? Por vezes duro (contra a imoralidade de igrejas homogêneas), cheio de ilustrações memoráveis (a igreja como uma embaixada) e caracterizado por pensamento cuidadoso, esse é um livro que sua igreja deve ler e discutir.

**J. Mack Stiles,** pastor e missionário no Oriente Médio; e autor de *Marcas de um evangelista* (Fiel)

Já há algum tempo, temos visto novas categorias de crentes: "desigrejados" e "poligrejados". Com a pandemia e os *lockdowns*, surgem igrejas alternativas: virtual e híbrida. Posturas como essas são movidas pelo pragmatismo e, equivocadamente, dicotomizam radicalmente o conteúdo e a forma. Nesse cenário, há crentes descartando a igreja. Outros optam pela fictícia igreja à distância. E ainda outros frequentam "igrejas" que, essencialmente, não são igrejas, mas apenas movimentos. O livro *Igreja é essencial* é um oportuno sanitizar eclesiológico, um sólido retorno ao conceito e à prática neotestamentária. Ele resgata a igreja presencial como inerente à vida cristã.

**Jesse L. Campos,** pastor sênior da Igreja Batista Celebração, em Bragança Paulista, SP

A pandemia fez com que muitos enfraquecessem sua frequência à igreja local, optando meramente pela transmissão online. Mas estar na igreja realmente importa? Claro que sim! Collin Hansen e Jonathan Leeman escreveram o livro *Igreja é essencial* não com um tom acusativo, mas com direção bíblica e tato pastoral para ajudar muitos a redescobrirem o pertencimento ao corpo de Cristo e a comunhão dos santos e serem abençoados.

**Juan de Paula Santos Siqueira**, pastor da Igreja Batista do Redentor no Rio de Janeiro, RJ

Mesmo antes do COVID-19, visões muito diversas sobre a igreja cristã já emergiam. As restrições por causa da pandemia desafiaram ainda mais nossa visão sobre o que é a igreja e qual é sua função; portanto, uma recuperação bíblica é mais necessária do que nunca. Collin Hansen e Jonathan Leeman atenderam a esse desafio e, por isso, oferecem esse livro para nos ajudar a alcançar essa recuperação. Escrito de maneira lúcida e em tom coloquial, *Igreja é essencial* oferece uma visão bíblica convincente, cheia de discernimento e sabedoria práticas. Deve ser lido e discutido em todas as igrejas, porque oferece um auxílio bíblico importante para que os crentes redescubram a igreja de Jesus Cristo para a glória dele e para o progresso do evangelho.

**Kees van Kralingen**, presbítero na igreja Independent Baptist Church de Papendrecht, Países Baixos; e editor da revista *Reformation Today*.

A igreja de Cristo enfrenta um descrédito da parte de muitos que se intitulam cristãos. O crescimento dos "desigrejados", dos cultos online, da "teologia do *coaching*", entre outros perigos, já minava a fraca concepção de muitos crentes da importância da igreja local. Quando surge a COVID-19, até cristãos convictos tiveram sua compreensão sobre a igreja enfraquecida. Felizmente, Hansen e Leeman sintetizaram, a partir do modo pelo qual Deus enxerga a sua igreja, um antídoto com princípios fundamentais sobre a importância de pertencer e congregar em uma igreja local.

**Leandro Pasquini**, pastor batista; e fundador e professor do Imersão na Palavra

Talvez para bem mais que a maioria dos evangélicos brasileiros — incluindo seus pastores — a igreja "não é templo". É verdade, a igreja não é o seu prédio e ela não precisa de propriedade para ser igreja. Mas a igreja não é menos que a sua assembleia dominical, a congregação regularmente reunida para ler a Palavra, pregar a Palavra, orar a Palavra, cantar a Palavra e ver a Palavra na celebração de batismos e da ceia do Senhor Jesus Cristo — e neste sentido, sim, reunida a igreja é o Templo do Senhor. Sim, cristianismo não é só culto; é muito mais. Mas não é menos do que a congregação dos cristãos solenemente reunidos para adorar no domingo.

Portanto, como medida curativa dessa pandemia de "cristianismo sem igreja", que há muito infectou o Ocidente, chegando também ao Brasil, quero encorajar você a ler este livro e descobrir ou reforçar que o mandamento bíblico para nos reunirmos como igreja e vivermos como igreja não é pesado ou legalista. É para nosso bem, nossa fé, nossa esperança, nosso amor, nosso testemunho e nossa alegria na glória de Deus na igreja e em Cristo Jesus por todas as gerações, para todo o sempre! Amém.

**Leandro B. Peixoto**, pastor da Segunda Igreja Batista em Goiânia, GO

A eclesiologia é uma das áreas mais abrangentes na teologia; afinal, é o estudo que tem como foco a relevância e firmeza doutrinária da vida prática de cada comunidade e de cada cristão. Nesse livro, Collin Hansen e Jonathan Leeman conseguem traduzir a profundidade do aspecto teológico na dinâmica diária da vida cristã. O livro é um convite para amar ainda mais a Cristo e sua igreja.

**Leonardo Sahium**, pastor da Igreja Presbiteriana da Gávea, no Rio de Janeiro, RJ

Esse é um livro muito oportuno em uma era de confusão e desapontamento a respeito da necessidade essencial da igreja local. Hansen e Leeman forneceram um entendimento lógico, prático, bíblico e básico do papel da igreja na vida do crente. É difícil imaginar um cristão amadurecendo em Cristo e vivendo o evangelho consistentemente fora de uma igreja local. Se você se pergunta o porquê, precisa ler esse livro para ser encorajado e convencido. Espero e oro para que o nosso Deus use esse livro para contribuir com o redescobrimento e a reconstrução da igreja em nossos dias.

**Miguel Nuñez**, pastor sênior da International Baptist Church em Santo Domingo, República Dominicana

Esse é um livro de leitura obrigatória, não apenas porque os autores têm preciosos insights para compartilhar sobre o assunto, mas porque é o livro mais necessário para todos os cristãos hoje. Muitos cristãos creem que o futuro do cristianismo é a igreja virtual, e a COVID-19 está reforçando essa ideia. Você descobrirá que *Igreja é essencial* é muito útil como um lembrete para permanecermos firmemente na visão bíblica sobre a igreja e em nada mais. Não poderia recomendar esse livro de maneira mais enfática!

**Nima Alizadeh**, presidente e fundador da Iranian Revelation Ministries

O isolamento social prolongado e os cultos online têm levado muitos membros de igreja a considerar como "novo normal" a conformação, por parte da igreja, de membros virtuais, ovelhas que, sem nenhuma justificativa, não voltarão mais aos cultos presenciais. Os pastores precisam orar e pregar sobre a importância da comunhão e da teologia da mutualidade. Os membros precisam desenvolver a convicção bíblica de que o culto presencial é insubstituível! Por onde começar? A leitura desse livro é uma ótima ideia!

**Sillas Campos**, pastor da Igreja Batista Central de Campinas, SP; presidente do Ministério Fiel; autor de *A fé que agrada a Deus* (Fiel)

O livro *Igreja é essencial*, de Collin Hansen e Jonathan Leeman, além de ser muito bem escrito e de fácil leitura, trata de assuntos extremamente pertinentes aos nossos dias. Com graça e sabedoria, os autores brindam a igreja de Cristo com um texto rico, profícuo e extremamente atual. Esta obra, tenho convicção, ajudará pastores, líderes e o povo de Deus a entender a importância e a relevância da igreja, bem como as relações, as reuniões e os ajuntamentos dela em um mundo pós-pandemia. Recomendo a leitura!

**Renato Vargens**, pastor da igreja Cristã da Aliança em Niterói, RJ; e autor de *Masculinidade em crise* e *Reforma agora* (Fiel)

Dentre todos os efeitos da pandemia, ela também serviu para demonstrar o verdadeiro estado de nossas igrejas locais. Igrejas saudáveis se solidificaram e até cresceram, igrejas doentes, morreram. Na busca por sobrevivência, pastores recorreram a inovações e atalhos e foram desafiados a pensarem seriamente sobre um tópico esquecido: eclesiologia. Ficamos assustados com debates sobre a essencialidade da igreja, o culto online etc. Este pequeno livro veio em um momento oportuno e nos ajudará a redescobrimos a igreja, não necessariamente inová-la.

**Thiago Guerra**, pastor da Igreja da Trindade, em São José dos Campos, SP

Num tempo em que as conversas acerca da igreja local têm sido dominadas por uma abordagem pragmática (o que funciona) e consumista (a vontade do freguês), esse livro nos ensina a pensar e a viver a igreja local como Deus a concebeu. O Senhor Jesus instituiu a igreja local como parte essencial na vida dos seus discípulos: algo desejável, bom e glorioso. Ao ler esse livro, talvez o leitor encontre "não a igreja que você deseja, mas algo melhor."

**Tiago Oliveira**, pastor da Primeira Igreja Baptista de Lisboa, Portugal

H249i  Hansen, Collin, 1981-
Igreja é essencial : redescobrindo a importância do corpo de Cristo / Collin Hansen & Jonathan Leeman ; prefácio de Jonas Madureira ; [tradução: João Paulo Aragão da Guia Oliveira]. – São José dos Campos, SP: Fiel, 2021.
Tradução de: Rediscover church : why the body of Christ is essential.
Inclui referências bibliográficas.
ISBN 9786557230817 (brochura)
    9786557230794 (epub)
    9786557230800 (mp3)

1. Igreja. I. Leeman, Jonathan, 1973-. II. Título.
CDD: 262.7

Catalogação na publicação: Mariana C. de Melo Pedrosa – CRB07/6477

**Igreja é essencial:**
**redescobrindo a importância do corpo de Cristo**

Traduzido do original em inglês:
*Rediscover church: why the body of Christ is essential*

Copyright © 2021 por Collin Hansen e Jonathan Leeman. Todos os direitos reservados.

■

Originalmente publicado em inglês por Crossway, 1300 Crescent Street, Wheaton, Illinois 60187, EUA.

■

Copyright © 2021 Editora Fiel
Primeira edição em português: 2021
Todos os direitos em língua portuguesa reservados por Editora Fiel da Missão Evangélica Literária

Proibida a reprodução deste livro por quaisquer meios sem a permissão escrita dos editores, salvo em breves citações, com indicação da fonte.
Os textos das referências bíblicas foram extraídos da versão Almeida Revista e Atualizada, 2ª ed. (Socieda Bíblica do Brasil), salvo indicação específica.

■

Diretor: Tiago J. Santos Filho
Editor-chefe: Vinicius Musselman Pimentel
Editor: Vinicius Musselman Pimentel
Coordenação editorial: Gisele Lemes
Tradução: João Paulo Aragão da Guia Oliveira
Revisão: Gustavo Nogueira Bonifácio
Diagramação: Rubner Durais
Capa: Rubner Durais

ISBN brochura: 978-65-5723-081-7
ISBN e-book: 978-65-5723-079-4
ISBN audiolivro: 978-65-5723-080-0

Caixa Postal 1601
CEP: 12230-971
São José dos Campos, SP
PABX: (12) 3919-9999
www.editorafiel.com.br

# Sumário

*Prefácio* ..............................................................17

*Introdução* ..........................................................21

1. O que é uma igreja? ......................................29
2. Quem pode pertencer a uma igreja? ............43
3. Precisamos realmente nos reunir? ................57
4. Por que a pregação e o ensino são centrais? ...71
5. Fazer parte é realmente necessário? .............85
6. A disciplina da igreja é realmente amorosa? ...103
7. Como amar membros que são diferentes? ...119
8. Como amamos os de fora? ..........................133
9. Quem lidera? .................................................145

*Conclusão: Não a igreja que você deseja, mas algo melhor* .....161

*Agradecimentos* ..................................................171

Para meu pequeno grupo:
Aqueles que passam pela pandemia juntos,
permanecem juntos
— **Collin**


Aos meus irmãos e irmãs da igreja
Cheverly Baptist Church
— **Jonathan**

# Prefácio

**A tecnologia é uma das inúmeras obras que espelham** a nossa relação com o Criador. As incontáveis facilidades que ela nos oferece são patentes e incontornáveis. Em contrapartida, não seria de todo ruim nutrir certo ceticismo quanto à crença de que os avanços tecnológicos servem sempre para o bem tanto do indivíduo quanto da comunidade. Ora, as tecnologias são como os remédios, podem tanto nos salvar quanto nos matar. O problema é que, se não nos revestirmos desse ceticismo "virtuoso", facilmente podemos desenvolver uma confiança cega na tecnologia.

Essa cegueira quase sempre lança uma fumaça sombria no horizonte, uma fumaça tão densa que as pessoas não conseguem mais fazer distinções importantes na vida. Permita-me dar um exemplo. Toda vez que viajo — principalmente, quando o faço por um longo período em que sei que ficarei longe da minha esposa e dos meus filhos — dou graças a Deus pela tecnologia, pois é ela que me permite manter o contato com a minha família por meio de um aplicativo no computador ou no celular. Por causa dessa tecnologia, eu os vejo e converso com eles em tempo real, mesmo estando tão distante. Antigamente, antes da chamada "Quarta Revolução", teria de me conformar com uma fotografia da minha esposa e dos meus filhos. Hoje as coisas mudaram e, graças à tecnologia, é possível minimizar os efeitos dolorosos provocados pelo distanciamento físico das pessoas que amamos.

Mas você não acha que seria demasiado esquisito que, mesmo diante da minha esposa sentada à mesa em nossa sala de jantar, eu preferisse olhar para uma foto dela em vez de olhar para ela? Não seria estranho — para não dizer bizarro — eu me comunicar com minha esposa por meio do Zoom estando concretamente diante dela? É claro que existe uma enorme diferença entre beijar a foto da minha esposa quando estou do outro lado do planeta e beijar a minha esposa quando estou diante dela. Apesar disso, o que seria de mim se eu estivesse do outro lado do planeta e não tivesse sequer uma foto dela? Então, na distância, o Zoom ganha uma importância enorme que, em contrapartida, se perde facilmente quando estou diante dela. Ou seja, se estou diante da minha esposa, não preciso ficar beijando a foto, eu beijo a minha esposa. Ponto final. A vida é assim. Somos assim. As experiências virtuais podem ser uma bênção, mas jamais serão como as experiências reais.

Pense agora em nossas igrejas e no atual desafio de manter nossos cultos no meio de uma pandemia tão catastrófica. Fomos todos encorajados a manter o distanciamento social para minimizar os riscos de contaminação. E, diante desse quadro tão caótico, como não glorificar a Deus pela tecnologia? Ah! Como nossas igrejas foram abençoadas por causa de aplicativos que permitem a realização de videoconferências! Entretanto, o uso ingênuo da tecnologia fez com que muitos questionassem até mesmo a validade das transmissões que muitas de nossas igrejas estão fazendo durante a pandemia. Não faltaram pessoas criticando o chamado "culto online". Também não faltaram aqueles que, com a melhor das boas intenções, defenderam o "culto online". Há bons argumentos, e até mesmo falácias, em ambos os lados. É aqui que entra o livro que gostaria que não apenas os membros da minha igreja lessem, mas também todos aqueles que entendem que um cristão sem compromisso com uma igreja local é um cristão com problemas.

Leeman e Hansen escreveram um excelente ensaio que nos ajuda a encontrar o equilíbrio e o "x" da questão. A densa fumaça causada pelo uso ingênuo da tecnologia tem impedido inúmeros cristãos de perceberem distinções importantíssimas. Não se trata de distinções entre perspectivas, mas de distinções reais que ignoramos, seja por desatenção, seja por má fé mesmo. Por exemplo, não podemos confundir a transmissão online de um culto com um culto. Confundir essas coisas é como confundir uma fotografia com um ser humano. E posso garantir a você que beijar a foto da minha esposa e beijar a minha esposa são duas coisas inconfundíveis. Na impossibilidade de estar diante da minha esposa, a fotografia tem sua importância, contudo, na presença da minha esposa, qualquer representação dela será secundária. Quem nega essa fenomenologia do culto sofre da síndrome eclesiológica de Pigmaleão, que, por não ter encontrado a mulher ideal, resolveu esculpir, então, a estátua dessa mulher ideal. Por incrível que pareça, depois de ter terminado a escultura, Pigmaleão se apaixonou por ela, uma mera estátua. O livro de Leeman e Hansen é um alerta para que você não se apaixone pela representação virtual da sua igreja e muito menos troque sua igreja real por uma mera representação dela.

*São Paulo, julho de 2021.*
**Jonas Madureira,**
*pastor da Igreja Batista da Palavra em São Paulo, SP*

# Introdução

**Você pode ter muitos motivos para não ir à igreja.** De fato, muitas pessoas pararam de frequentar a igreja durante a recente pandemia — até um terço dos frequentadores, segundo algumas estimativas. Você pode ser um deles. Mas este livro tem como objetivo ajudá-lo a redescobrir a igreja. Ou, talvez, ajudá-lo a descobrir pela primeira vez por que Deus quer que você tenha como prioridade se reunir e se comprometer com a igreja local.

Dito de maneira simples: um cristão sem igreja é um cristão com problemas.

Já passamos há muito do tempo em que poderíamos presumir que até mesmo os crentes em Jesus Cristo mais dedicados entendiam por que deveriam se envolver com a igreja. O número de pessoas que se identificam como cristãs é muito maior do que o número de pessoas que frequentam uma reunião semanal. Ainda assim, a maior parte do serviço e da doação em nossas igrejas tende a ser feito por uns poucos. Portanto, não é como se a COVID-19 tivesse de repente convencido os cristãos de que não precisam da igreja. Milhões já haviam tomado essa decisão antes mesmo de as reuniões envolverem cadastro online, distanciamento social e máscaras.

A COVID-19, no entanto, acelerou a vasta tendência de separação entre a fé pessoal e a religião organizada. As paralisações nos pegaram de surpresa em seu início repentino e em sua duração indefinida. E é difícil voltar ao hábito depois que ele foi quebrado por mais de um ano. Esse problema não é exclusivo da igreja. Tente voltar para a academia depois de um bom tempo sem frequentar.

Retomar a frequência à igreja já seria difícil se nosso único problema fosse uma doença mortal nos mantendo separados por muito mais tempo do que muitos esperavam. Mas o medo de contrair a COVID-19 pode ser o menor dos motivos que convenceu muitos cristãos a ficarem longe da igreja. Os debates sobre máscaras, vacinas e outras coisas dividiram os membros da igreja presos em suas casas e vidrados nas postagens do Facebook cheias de avisos terríveis e teorias da conspiração. Os cristãos gostavam muito mais uns dos outros antes das mídias sociais. Retirada a experiência unificadora do culto semanal conjunto sob o mesmo teto, os laços de afeto se desfazem.

Mas isso não é tudo. A política pode revelar-se ainda mais divisiva. Como os cristãos podem cultuar ao lado de pessoas com prioridades tão diferentes? Claro, os cristãos podem compartilhar as mesmas visões sobre a Trindade, o batismo e até mesmo a escatologia. Mas de que adianta isso quando nos sentimos mais à vontade com nossos aliados políticos que talvez nem mesmo sejam cristãos?

E nem pergunte sobre os pastores. Eles ouviram nossas reclamações. Por que não nos contataram para saber a nosso respeito enquanto estávamos trancados em casa? Como eles gastaram seu tempo durante a pandemia? Os sermões online eram sem graça, isso quando alguém se preocupava em assistir lutando contra a distração de crianças inquietas. De qualquer forma, os pastores normais não se comparam aos líderes corajosos que encaram os problemas de frente em entrevistas na TV e em artigos. Além disso, com a pandemia ficou mais fácil do que nunca assistir aos sermões online de outros pastores sem sentir culpa e "dar o cano" em nossa própria igreja. Sabíamos que ninguém jamais saberia a diferença, já que não veríamos nossos pastores pessoalmente de qualquer maneira.

Sim, todos nós temos muitos motivos para não voltar à igreja. Na verdade, muitas igrejas não esperam que voltemos. Eles estão lançando igrejas virtuais e contratando pastores virtuais. Não há necessidade de acordar cedo no domingo. Não há necessidade de se vestir para o culto. Não há necessidade de procurar uma vaga para estacionar. Não há necessidade de aturar os bebês de outras pessoas chorando. Não há necessidade de bater papo com gente cuja posição política você repugna. Não há necessidade de abafar um bocejo durante um longo sermão. Não há necessidade de provar o pão e o vinho.

## Um futuro para a igreja?

Existe, então, um futuro para a igreja? A igreja virtual é o futuro? Sim para a primeira pergunta; não para a segunda. É por isso que nosso objetivo neste livro é convencê-lo a redescobrir a igreja. Não o fazemos por ingenuidade, como se não pudéssemos imaginar por que alguém teria dificuldades com a igreja local. Na verdade, qualquer pessoa que ama a igreja deve aprender a perdoar e ser tolerante com os cristãos. Deus não nos convida à igreja porque é um lugar confortável para encontrar um pouco de encorajamento espiritual. Não, ele nos convida para uma família espiritual de desajustados e rejeitados. Ele nos recebe em uma casa que raramente é o que queremos, mas é exatamente o que precisamos.

Tente se lembrar da igreja antes da pandemia. Quando olhava a congregação reunida para cantar, orar e ouvir a Palavra de Deus, você pode ter pensado que todos estavam felizes por estarem ali. Talvez ouvissem em silêncio enquanto o pastor pregava ou dissessem: "Amém!", quando concordavam com algo. Às vezes, levantavam as mãos enquanto o coro conduzia um louvor ou fixavam os olhos em um hinário. Quem sabe ofereciam um cumprimento caloroso, uma saudação amigável ou um breve "A paz do Senhor" antes de ir embora.

Mas nem tudo é como parece, mesmo em uma igreja cheia de sorrisos. A pandemia esgarçou nossos relacionamentos e trouxe à tona um pouco da dor e do medo por trás dos rostos felizes.

Por trás de cada sorriso na igreja, você encontrará uma história. Você encontrará uma família que brigou desde que saiu de casa até à soleira do templo. Você encontrará uma viúva sofrendo por uma perda que todo mundo já esqueceu. Você encontrará uma alma solitária debatendo-se com dúvidas sobre a bondade de Deus em meio a uma vida de dor e sofrimento. Você pode encontrar até mesmo um pastor se perguntando como ele pode convocar a igreja a seguir a Jesus depois de uma semana em que ele mesmo falhou tanto nisso.

A cada semana em sua igreja, você nunca pode saber ao certo como todos se sentem ou o que pensam, apesar das aparências. Você sequer pode ter certeza do porquê todos aparecem. É por isso que você não sabe quem voltará. Uma pessoa pesquisou profundamente as posições doutrinárias de várias igrejas antes de selecionar a melhor opção. Outra só precisava de amigos em uma nova cidade. Uma vem pulando de congregação em congregação e nunca encontrou o lugar certo. Outra não consegue imaginar nenhuma razão para deixar a igreja onde cresceu e viveu cada marco de nascimento, casamento e morte. Só pela aparência, você nunca sabe a história completa, mesmo em sua própria igreja.

Então, por que redescobrir a igreja? O que poderia tirar você do conforto de sua casa novamente em um domingo ou do sofá depois do trabalho em uma noite no meio da semana? Por que, entre outras opções, você voltaria para uma determinada congregação? Aliás, por que se preocupar com o cristianismo? O mundo mal sentiu falta da igreja durante a pandemia. O que a igreja é, afinal? É um clube de autoajuda para os mental e emocionalmente frágeis? É um grupo de ação política para pessoas de mente semelhante e fechada? É uma organização de serviço comunitário para pessoas que gostam de músicas antigas?

Mesmo antes da ameaça de contágio mortal, a igreja parecia cada vez mais estranha em uma época em que vizinhos raramente se reúnem para coisas como discussões íntimas, aprendizado silencioso e canto entusiasmado — especialmente quando o assunto vem de um livro antigo sobre práticas estranhas como sacrifício de animais, um livro que os cristãos consideram ter autoridade absoluta.

Então, o que acontece exatamente quando você vai à igreja? Não estamos nos referindo apenas a coisas como o sermão, o louvor e o culto (apesar de abordarmos tudo isso e muito mais neste livrinho). Estamos falando sobre o que acontece além dos sorrisos, além das canções, além da leitura das Escrituras. Estamos falando sobre os planos e propósitos divinos — porque sua igreja é muito mais do que parece ser. É, de fato, a menina dos olhos de Deus, o corpo pelo qual Jesus Cristo deu seu corpo. É essencial.

É por isso que Deus usa o mais íntimo dos relacionamentos humanos, o casamento, para explicar o que está acontecendo em sua igreja. Ensinando a igreja em Éfeso sobre o casamento, o apóstolo Paulo escreve:

> Maridos, amai vossa mulher, como também Cristo amou a igreja e a si mesmo se entregou por ela, para que a santificasse, tendo-a purificado por meio da lavagem de água pela palavra, para a apresentar a si mesmo igreja gloriosa, sem mácula, nem ruga, nem coisa semelhante, porém santa e sem defeito. (Ef 5.25-27)

Nessa passagem, Paulo nos ajuda a deduzir de um relacionamento que conhecemos — o casamento — o entendimento de algo sobre a igreja que não podemos ver. Os maridos amam suas esposas dando suas vidas. Da mesma forma, Jesus Cristo — o único Filho de Deus, concebido pelo Espírito Santo, nascido da virgem Maria, crucificado por ordem de Roma, ressuscitado dos mortos no terceiro dia — se entregou pela igreja. Por meio de seu sacrifício na cruz, ele perdoou todos os que abandonam seus pecados e confiam nele. Você pode ser santo porque Jesus deu seu corpo. Assim como você alimenta e cuida de seu corpo, Cristo alimenta e cuida de sua igreja (Ef 5.29).

Pense no profundo mistério de Cristo e a igreja quando a senhora ao seu lado usa perfume demais, quando o rapaz na sua frente bate palmas fora do ritmo e quando seu amigo do outro lado do corredor se esquece de lhe desejar feliz aniversário. É ainda mais difícil imaginar esse mistério quando você está sozinho em casa, porque até mesmo os membros estranhos do corpo — e especialmente eles — nos lembram que ninguém se aproxima de Deus senão por pura graça. Ninguém pode comprar um lugar nessa mesa. Você só pode ser convidado.

Você pode não acreditar, mas sua igreja fica ainda mais interessante. O apóstolo Paulo diz à igreja em Corinto: "Ora, vós sois corpo de Cristo; e, individualmente, membros desse corpo" (1Co 12.27). Sim, sua igreja é o próprio corpo de Cristo. Isso vale para o banqueiro que preside sua junta diaconal e o alcoólatra em recuperação que não consegue controlar seu odor corporal; vale para a jovem que o cumprimenta com um sorriso na porta e para a voluntária do berçário que nunca namorou. Se vocês se arrependeram do pecado e creram nas boas-novas da morte e ressurreição de Jesus, todos pertencem a Cristo — e uns aos outros. Paulo diz aos Romanos: "Porque assim como num só corpo temos muitos membros, mas nem todos os membros têm a mesma função, assim também nós, conquanto muitos, somos um só corpo em Cristo e membros uns dos outros" (Rm 12.4, 5).

Em Cristo, sua igreja é perfeita — sem mácula ou ruga. Isso é verdade mesmo em uma pandemia e durante turbulências políticas. Na prática, você já sabe — ou acabará descobrindo — que sua igreja é composta de membros que ainda pecam contra Deus e uns contra os outros, mesmo sendo santificados pelo Espírito. Eles pisam no seu pé, se esquecem de aparecer para cuidar das crianças, dizem coisas ofensivas, demonstram parcialidade pecaminosa. E a lista continua.

No entanto, à medida que o ajudamos a redescobrir a igreja neste livro, você precisará se lembrar do que não consegue ver. Você volta à igreja porque pertence a Deus, porque Cristo deu seu corpo. E porque deu seu corpo, Cristo fez um corpo de crentes de cada tribo, língua, povo e nação (Ap 5.9). Nesse corpo, ninguém é mais importante do que ninguém, porque todos fazem parte dele somente pela graça e somente por meio da fé. Não há parcialidade pelos ricos nem preferência pelos importantes (Tg 2.1-7). Porque devemos tudo a Cristo, partilhamos tudo uns com os outros: "... se um membro sofre, todos sofrem com ele; e, se um deles é honrado, com ele todos se regozijam" (1Co 12.26).

Vocês pertencem a Deus e uns aos outros. Um corpo, muitos membros — incluindo você. Você tem muitos motivos para não redescobrir a igreja; mas tem um motivo para fazê-lo: porque por meio dessas pessoas das quais você não gosta muito Deus quer mostrar seu amor por você. É o único tipo de amor que pode tirar nosso foco de nós mesmos para uma comunhão que transcende as forças que estão destruindo nosso mundo doente. É a única maneira essencial de encontrarmos a cura juntos.

Além de tudo isso, sua igreja é onde Cristo diz que está presente de uma maneira única. Ousaríamos até mesmo dizer que sua igreja e a nossa é onde o céu desce à terra — onde nossas orações começam a ser respondidas: "venha o teu reino, faça-se a tua vontade, assim na terra como no céu".

# 1
# O que é uma igreja?

*Jonathan Leeman*

**Talvez seus pais tenham levado você à igreja** quando criança. Os meus levaram. Eu gostava de algumas coisas; de outras, não. Uma coisa que eu adorava era brincar de esconde-esconde com meus amigos no prédio da igreja. Era um edifício amplo e irregular, com corredores, acessos e escadarias inesperados — perfeito para a brincadeira. Se você me perguntasse: "O que é uma igreja?", provavelmente eu apontaria para o prédio.

No ensino médio, o que mais me interessava na igreja eram os eventos de jovens de sexta-feira à noite com canções legais, esquetes engraçadas e uma devocional rápida. Mas, se você me perguntasse se eu já havia pensado em fazer parte da igreja real, eu não saberia o que dizer. Provavelmente eu ignoraria a pergunta, sem entender sua relevância.

Na faculdade, parei de frequentar a igreja. Eu ainda acreditava nas verdades do cristianismo, pelo menos na minha cabeça. Mesmo assim, eu queria o mundo mais do que queria Jesus. Então, busquei o mundo com vontade. Pelo que posso dizer, eu era um cristão nominal — um cristão apenas no nome. Chamava Jesus de meu Salvador, mas ele certamente não era meu Senhor. Eu "cria", mas não "me arrependi e cri", como Jesus nos chama a fazer. Se você me perguntasse: "O que é uma igreja?", eu provavelmente diria: "É um monte de pessoas que querem seguir Jesus, e é por isso que não quero estar lá". Ironicamente, quanto mais me afastava da igreja, melhor entendia o que ela é.

E você? Já parou para se perguntar: "O que é uma igreja?".

## Pregação e pessoas

Em agosto de 1996, concluí a faculdade e me mudei para Washington, D.C., para procurar um emprego. Um amigo cristão me falou sobre uma igreja na cidade. Sentindo-me um pouco culpado em relação à maneira pela qual estava vivendo, mas principalmente desejando algo mais profundo e significativo na vida, decidi ir. Não me lembro do sermão daquele primeiro domingo de manhã de retorno à igreja, mas me lembro de voltar para o culto da noite e para o estudo bíblico da quarta-feira seguinte à noite. Na semana seguinte, a mesma coisa: domingo de manhã, domingo à noite e quarta à noite. De repente, passei de um não frequentador a um frequentador que ia três vezes por semana. Ninguém me obrigou. Havia algo me atraindo.

Na verdade, *alguém* estava me atraindo — o Espírito Santo —, e ele estava usando duas coisas. Primeiro, ele usou a pregação do pastor Mark. Eu nunca ouvira nada parecido. Mark pregava a Bíblia versículo por versículo, capítulo por capítulo, sem constrangimento.

Por exemplo, certo domingo, Mark pregou sobre um daqueles capítulos difíceis de engolir do livro de Josué, no Antigo Testamento. Deus ordenou a Josué que entrasse em uma cidade cananeia e matasse todo homem e mulher, jovem e velho, bem como todo o gado, as ovelhas e os jumentos. Ele leu o texto em voz alta, olhou para nós e fez uma pausa.

"O que ele vai dizer a seguir", eu me perguntei. "Esse texto é inaceitável!"

Por fim, o pastor Mark falou: "Se você é cristão, deve saber por que um texto como esse está na Bíblia".

"Espera aí! Como assim?"

No início, fiquei irritado com o desafio de Mark. "Eu deveria saber por que esse texto está na Bíblia? Por que você não me diz por que isso está na Bíblia, senhor pregador?"

No entanto, pouco depois, o desafio de Mark começou a fazer sentido. Versículos como o que Mark lera nos lembram que Deus não nos deve explicações; nós é que lhe devemos explicações. Deus não está sendo julgado; nós é que estamos em juízo. Ele é o Criador e Juiz. Só ele pode dar a vida e tirar a vida.

Não me lembro do que o pastor Mark disse a seguir. A questão é que meu mundo já tinha mudado. A realidade foi reordenada. Eu estava vendo com olhos ligeiramente diferentes — mais ou menos como as novas perspectivas que alguém ganha com a idade, só que adquiridas em um instante. Uma convicção se instalou em mim: "Deus é Deus; e eu não sou".

A boa pregação faz esse tipo de trabalho todas as semanas. Ela revela fielmente a Bíblia e muda os olhos do seu coração, ajudando-o a ver o mundo da perspectiva de Deus, e não da sua. Pensaremos mais sobre a pregação no capítulo 4.

Contudo, esse tipo de pregação não foi a única coisa que o Espírito Santo usou para me atrair para aquela igreja. Ele também usou as pessoas. Um homem chamado Dan me convidou para participar todos os sábados de manhã do café da manhã e do estudo sobre Isaías com a sua família. Helen e Hardin, um casal de aposentados, me convidou para jantar. O mesmo aconteceu com outro casal mais velho, Paul e Alice. O abraço da igreja foi doce e caloroso. Eu tinha comigo alguns amigos de faculdade não cristãos lá em Washington, mas cada vez mais eu queria passar tempo com esses novos amigos da igreja também e convidar meus amigos da faculdade para se juntar a nós.

Essa congregação, seus amores e compromissos, ofereceram-me uma imagem de um tipo de vida diferente. Eu vivia para servir a mim mesmo; eles viviam para servir a Deus e aos outros. Eu usava minhas palavras para me exibir ou criticar; eles usavam as palavras para encorajar. Eu falava sobre Deus como se ele fosse um capítulo da filosofia; eles falavam de Deus como se o conhecessem. Eu queria curtir a festa do fim de semana; eles queriam desfrutar de Cristo.

A congregação também me deu uma visão de um tipo diferente de cidade. Lá estávamos nós em Washington, D.C., uma cidade fervilhando com conversas sobre as próximas eleições de novembro de 1996. Os membros também gostavam dessas conversas. Alguns deles até viajaram para seus locais de origem para várias semanas de campanha em prol das cadeiras de seus chefes no Congresso ou no Senado. No entanto, essas pessoas falavam sobre política como se fosse apenas *importante*. A cidade queria que eles tratassem isso como *fundamental*. Os membros da igreja tinham *interesse* em política. A cidade queria que adorássemos a política como um *ídolo*.

Isso significava que, dentro da igreja, a cultura política parecia... mais calma, menos frenética, mais respeitosa. Nossa concordância sobre coisas verdadeiramente fundamentais, como a fonte da justiça eterna, nos permitia discordar amorosamente sobre coisas importantes, como as melhores estratégias políticas para a justiça agora.

As divisões demográficas tradicionais também tinham menos influência. Eu era solteiro, com meus vinte e poucos anos. Com o tempo, passei cada vez mais noites com casais na casa dos setenta ou com uma viúva na casa dos oitenta anos. Minhas primeiras amizades significativas e profundas com minorias, irmãos e irmãs, ocorreram naquela igreja.

Resumindo, aprendi que a cidade de Deus marcha com um ritmo diferente mesmo quando participa de algumas marchas cívicas e culturais nas cidades deste mundo.

Se você tivesse me perguntado naquela época: "O que é uma igreja?", eu não lhe daria uma resposta bem formulada. Mas duas ideias, a saber, pregação e pessoas — a palavra do evangelho e a sociedade do evangelho —, estavam crescendo em proeminência em minha mente. Uma igreja, eu sabia, tem algo que ver com um grupo de pessoas reunidas para serem moldadas pela Palavra de Deus. Dessa forma, elas começam a viver juntas como um tipo diferente de povo, o qual *está no* mundo, mas *não é do* mundo.

### Por que um entendimento correto é importante: viver à maneira do céu

Vamos voltar a você: O que você diria que é uma igreja?

Quando não pensamos nessa questão com cuidado, corremos o risco de nos afastarmos dos doces benefícios que Deus deseja para nós por meio de sua família. Afinal, o seu *entendimento* do que a igreja é irá moldar sua *vida* e seu *viver*.

Por exemplo, pense na maneira pela qual, hoje, as pessoas falam sobre "entrar" em uma igreja, como se fosse um clube. Ou "ir à igreja", como se fosse um prédio. Ou "gostar da igreja", como se fosse um show. Que suposições estão em jogo quando falamos sobre igreja dessas maneiras? Além disso, como essas suposições moldam o modo pelo qual nos envolvemos com nossas igrejas? Eu diria que elas tornam mais fácil pensarmos sobre nossas igrejas por uma ou duas horas por semana e ignorá-las no restante do tempo.

"Mas espere", ouvimos das Escrituras. "Uma igreja é, na verdade, uma assembleia e uma fraternidade da família de Deus, o corpo de Cristo e o templo do Espírito". Portanto, se continuarmos a tratar nossas igrejas irrefletidamente como pouco mais do que clubes, prédios ou apresentações, perderemos o carregamento de apoio e bênçãos que Deus pretende estacionar em nossa garagem.

Este livro tem como objetivo ajudá-lo a redescobrir a igreja, para que você *entenda* o que é uma igreja e, por conseguinte, descubra a riqueza de *viver* como irmão ou irmã na família de Deus, a alegria de *viver* como uma parte do corpo de Cristo unida a outras partes do corpo e o poder contracultural de *viver* como um tijolo no templo sagrado onde Deus habita na terra agora. Queremos que você experimente todos esses benefícios e bênçãos, tanto para o seu próprio bem quanto para o bem de seus amigos e vizinhos não cristãos.

Mais do que qualquer outra coisa, seus amigos não cristãos precisam não apenas de suas palavras do evangelho, mas também de uma comunidade do evangelho que testifique a veracidade dessas palavras do evangelho. Você quer que eles observem a vida de sua igreja e digam: "Deus realmente muda as pessoas. E ele realmente está construindo uma cidade justa e correta — aqui na igreja" (veja 1Co 14.25; Hb 11.10).

Pense: os líderes políticos americanos há muito se referem aos Estados Unidos como uma "cidade sobre o monte". No entanto, parte da redescoberta da igreja é redescobrir que *nossas igrejas* deveriam ser essas cidades sobre o monte, quer vivamos nos Estados Unidos, quer em qualquer outra nação. Isso é o que todos nós — cristãos e não cristãos — mais precisamos em tempos tumultuados cultural e politicamente.

O céu não descerá à terra por meio de nenhuma nação hoje. E não desceu à terra em nenhuma nação desde que Deus vinculou sua presença ao Templo do antigo Israel.

Ainda assim, de modo surpreendente, notável e incrível, sua igreja, aquela que queremos que você redescubra, é o lugar onde a Bíblia diz que o céu começou a descer à terra:

- Nela, o reino dos céus está próximo (Mt 4);
- Nela, a vontade de Deus é feita na terra como no céu (Mt 6);

- Nela, nós armazenamos os tesouros do céu (Mt 6);
- Nela, ligamos e desligamos na terra o que é ligado e desligado no céu (Mt 16 e 18);
- Somos o templo celestial (1Co 3; 1Pe 2).

O céu desce ao planeta Terra por meio de nossas igrejas reunidas. E, quando isso acontece, você oferece aos cidadãos de sua nação a esperança de uma nação melhor e, aos residentes de sua cidade, a esperança de uma cidade melhor e mais duradoura.

Não importa quais desafios você enfrente como americano ou cidadão de outro país, minoria ou maioria étnica, rico ou pobre, a sua esperança por uma sociedade justa e pacífica não deve repousar nos reinos deste mundo. Deve repousar no próprio Rei, que está estabelecendo seu reino celestial nos postos avançados que chamamos de igreja local.

## O que é uma igreja?

O que é uma igreja? A Bíblia usa todos os tipos de metáforas para responder a essa pergunta: a família e a casa de Deus, o corpo de Cristo, o templo do Espírito, a coluna e o baluarte da verdade, a noiva de Cristo, o rebanho de Cristo e muito mais. Cada uma dessas metáforas nos diz algo maravilhoso sobre a sua igreja e a nossa. Precisamos de todas essas metáforas porque não há outra organização, corpo ou povo como a igreja. Discutimos algumas na introdução e continuaremos a mencioná-las ao longo deste livro.

Porém, aqui está a definição teológica de uma igreja, que passaremos o resto do livro desenvolvendo:

A igreja é um grupo de cristãos (capítulo 2)

↓

que se reúne como uma embaixada terrena do
reino celestial de Cristo (capítulo 3)

↓

para proclamar as boas-novas e os mandamentos
de Cristo, o Rei (capítulo 4);

↓

para afirmar uns aos outros como seus cidadãos
por meio das ordenanças (capítulo 5);

↓

e para evidenciar o amor e a santidade de Deus
(capítulo 6)

↓

por meio de um povo unificado
e diverso (capítulo 7)

↓

em todo o mundo (capítulo 8),

↓

seguindo o ensino e o exemplo dos presbíteros
(capítulo 9).

## Finalmente, um membro

Alguns meses depois de chegar a Washington, um de meus novos amigos me convidou para entrar na igreja. Na verdade, ele me convidou para morar na casa dos homens da igreja, mas apenas os membros da igreja tinham permissão para morar ali. Era uma bela casa geminada em Capitol Hill, um bairro desejável, e o aluguel era barato. "Claro, vou entrar para a igreja! Diga-me como me inscrever", eu disse.

O que eu planejei para lucro financeiro, Deus planejou para o meu bem.

A igreja me pediu para assistir a várias aulas sobre membresia e ter uma entrevista com o pastor Mark antes de entrar. Tendo crescido na igreja, eu sabia as respostas certas. A congregação, então, votou para me receber como membro em novembro de 1996.

Se você me perguntasse naquela época o que é uma igreja, suponho que minha resposta seria vaga e genérica. Lembro-me de voltar do almoço um dia com o pastor Mark e incomodá-lo questionando por que nossa igreja insistia em ser "batista". Esses eram os tipos de disputas que meus 23 anos de idade colhiam para mim.

Verdade seja dita, eu tinha um pé dentro e um pé fora da igreja durante o primeiro ano. No sábado à noite, eu festejava com amigos não cristãos. No domingo de manhã, ia à igreja. Era como tentar ficar em pé sobre dois cavalos ao mesmo tempo. Você sabe que isso não durará muito tempo.

Mas o Senhor foi gracioso. Aos poucos, ele mudou meus desejos, e comecei a colocar os dois pés em um cavalo. Comecei a me arrepender e a olhar para Jesus como Salvador e Senhor. A Bíblia se tornou interessante. Os amigos cristãos tornaram-se preciosos. O pecado parecia cada vez mais estúpido, até detestável.

O arrependimento incluiu abandonar os pecados da minha juventude — o tipo de pecado sobre os quais os pastores de jovens alertam os alunos do ensino médio.

No entanto, o arrependimento bíblico também tem uma dimensão comunitária. No meu caso, significou abandonar minha vida como um indivíduo desgarrado e autônomo. Significou unir-me a uma família e assumir a responsabilidade por ela. Significou convidar outros cristãos para minha vida e ter conversas constrangedoras que incluíam confessar pecados ou admitir fraquezas. Envolveu procurar homens mais velhos para me discipular e homens mais jovens para discipular. Levou-me a oferecer hospitalidade a pessoas novas ou necessitadas. Treinou-me para me alegrar ou sofrer com aqueles que se alegram ou sofrem.

Em outras palavras, o arrependimento sempre envolve amor. Jesus disse: "Novo mandamento vos dou: que vos ameis uns aos outros; assim como eu vos amei, que também vos ameis uns aos outros. Nisto conhecerão todos que sois meus discípulos: se tiverdes amor uns aos outros" (Jo 13.34, 35).

Observe que Jesus não diz que os não cristãos saberão que somos discípulos dele pelo nosso amor *por eles*, embora isso também seja verdade. Ele diz que eles saberão pelo nosso amor *uns pelos outros*. Interessante, não é mesmo? Como pode ser?

Bem, olhe novamente para o tipo de amor: "assim como eu vos amei". Como Jesus nos amou? Ele nos amou com um amor que concede graça, se sacrifica e suporta o pecado. "Mas Deus prova o seu próprio amor para conosco pelo fato de ter Cristo morrido por nós, sendo nós ainda pecadores" (Rm 5.8).

O que é uma igreja? É um grupo de pessoas que sabem que foram amadas por Cristo e começaram a amar umas às outras dessa maneira. Foi assim que o pastor Mark, Dan, Helen, Hardin, Paul e Alice, todos eles, amaram aquele jovem de 23 anos, indeciso entre dois rumos.

Na verdade, é assim que nossos irmãos membros da igreja amam Collin e eu hoje também: com um amor perdoador, tolerante e paciente. E é assim que tentamos amá-los em troca.

É um amor que os descrentes no mundo não devem apenas ouvir em nossas palavras, mas também ver em nossas vidas juntos, levando-os a dizer: "Queremos um pouco disso também! Podemos entrar?".

"Ah, amigo", dizemos, "deixe-nos primeiro dizer de onde vem esse amor."

## Leitura recomendada

Mark Dever, *Igreja: o evangelho visível* (São José dos Campos: Fiel, 2015).

Megan Hill, *A place to belong: learning to love the local church* (Wheaton, IL: Crossway, 2020).

**A igreja é um grupo de cristãos**

↓

que se reúne como uma embaixada terrena
do reino celestial de Cristo

↓

para proclamar as boas-novas
e os mandamentos de Cristo, o Rei;

↓

para afirmar uns aos outros como
seus cidadãos por meio das ordenanças;

↓

e para evidenciar o amor e a santidade de Deus

↓

por meio de um povo
unificado e diverso

↓

em todo o mundo,

↓

seguindo o ensino e o exemplo dos presbíteros.

# 2
# Quem pode pertencer a uma igreja?

*Collin Hansen*

**Quando eu era criança,** minha família costumava ir à igreja. Mas não toda semana. Não era uma parte especialmente importante de nossas vidas. Eu imaginava que, toda vez que aparecíamos, todo mundo estava nos julgando, se perguntando por que não fomos na(s) semana(s) anterior(es). Talvez estivessem; provavelmente não. A maioria dos outros também não ia toda semana. Quando me sentava lá atrás com minha família, tinha muitas perguntas sobre evolução e dinossauros. Concluí que, quando minha geração assumisse o controle, abandonaríamos a igreja como uma espécie de ilusão tola para as gerações anteriores.

Você pode imaginar minha surpresa, então, quando comecei a ver outros adolescentes animados com Jesus e a igreja. Eu não achava que fosse possível. Pensava que você tinha que ser estranho, uma espécie de pária, para realmente gostar da igreja. No entanto, esses adolescentes pareciam felizes — e eu não estava. Diferentemente de mim, eles pareciam ter propósito e esperança. Eu estava disposto, pelo menos, a participar de um retiro da igreja com eles. Mesmo assim, era difícil compreender: O que poderia encher adolescentes de tanta alegria?

Um dia, no retiro, o motivo ficou claro. A não ser pela fé em Jesus, estamos condenados em nossos pecados, separados de Deus. Mas, por meio da morte sacrificial de Jesus na cruz, podemos receber perdão por nossos pecados quando nos arrependemos ou nos afastamos deles. Porque Jesus ressuscitou dos mortos, podemos desfrutar de paz e comunhão para sempre com o Deus que é três em um: Pai, Filho e Espírito Santo.

Não sei dizer se já tinha ouvido essa mensagem antes na igreja. Se ouvi, não me impressionou da maneira que aconteceu durante esse retiro. E eu nunca mais seria o mesmo. Eu tinha sido convertido. A mudança foi imediatamente aparente para meus familiares e amigos: eu tinha alegria, liberdade, esperança. Depois da minha experiência, muitos deles também creram.

Mais tarde, fui batizado e entrei para uma igreja. Então fez sentido o motivo de eu ter uma visão tão negativa da igreja quando mais novo: era porque ainda não tinha sido convertido. Minha família esperava um comparecimento diligente, mas não uma participação de todo o coração. Tive que redescobrir a igreja e responder para mim mesmo as perguntas sobre quem pode pertencer a ela e que requisitos uma pessoa precisa ter.

Quem, então, pode pertencer a uma igreja? Cristãos batizados. Pessoas que nasceram de novo e se identificam como crentes por meio do batismo. Como se sabe, nossos amigos pedobatistas diriam que os filhos dos crentes também podem fazer parte de uma igreja após o batismo infantil (como membros não comungantes). Mesmo assim, todos concordam que, entre os adultos, uma pessoa deve nascer de novo e ser batizada para fazer parte de uma igreja. Discutiremos o batismo no capítulo 5. Vamos pensar agora sobre a conversão e por que ela é essencial para redescobrir a igreja.

## Estragando a festa

Provavelmente, aqueles de nós que frequentaram a mesma igreja por um longo tempo não sabem como pode ser tudo estranho para um visitante. Se você não sabe nada sobre igrejas, tão somente entrar no prédio exige coragem. Aonde você vai? O que dizer? Afinal, você pode entrar mesmo? Alguém o quer ali ou o espera? O que você deve vestir? E como se isso não bastasse, a COVID-19 acrescentou perguntas sobre se a igreja é online ou presencial, em lugar fechado ou aberto, com ou sem máscaras — sem falar nas expectativas sobre vacinas.

Para quem é novo na igreja, a terminologia parece engraçada. Quando você já ouviu o termo *bênção* fora da igreja? Onde mais há um *gazofilácio*? A música não é familiar. Não há muitos lugares onde você canta acompanhado por um órgão hoje em dia. Quando cantamos as mesmas canções de trinta anos atrás na igreja, chamamos isso de "música cristã contemporânea". No rádio, isso se chama "clássicos".

Se você conseguir obter boas respostas para suas muitas perguntas sobre a igreja, parabéns! Agora, você verá que as respostas mudam dependendo da igreja. Qual é a diferença entre batistas, católicos romanos, metodistas, presbiterianos e anglicanos? E uma igreja batista nos Estados Unidos pode não se parecer, nem soar, nem causar uma sensação semelhante a uma igreja batista em Uganda.

Certa vez, preguei em uma igreja pentecostal na Itália. Preparei um sermão com apenas metade dos meus trinta minutos habituais, pois sabia que precisaria ser traduzido. Quando terminei, ninguém se mexeu. Ocorreu-me que não cheguei a perguntar quanto tempo seus sermões costumavam durar. Só mais tarde percebi que eles esperavam que eu ensinasse por uma hora. Eles devem ter se sentido enganados. Esses costumes variam de igreja para igreja, de tradição para tradição e de país para país.

Visitar uma igreja pode ser como estragar um dia de festa de outra família. Imagine que você decide bater na porta de alguém na hora da ceia de Natal. Todas as pessoas de lá se conhecem e se amam (pelo menos, é o que demonstram no Natal). Mas você é um estranho. Imagine que eles realmente o convidem para participar das festividades. Graças à cultura popular, você provavelmente tem uma ideia geral do que esperar. Haverá comida e presentes. Mas os pratos dependerão das tradições familiares já simplesmente pressupostas ao longo de gerações. Da mesma forma, o modo pelo qual e para quem eles dão presentes seguirá um padrão fortemente defendido pelos guardiões da herança familiar. Se você fizer algo errado, arruinará essa experiência íntima para todos.

Pode ser essa a sensação de visitar uma igreja, mesmo que essa igreja queria muito que você a visite e seja membro. Anteriormente, comparamos a igreja a uma família espiritual. O que isso significa? Para se tornar parte de uma família, você precisa ter nascido nela ou ser adotado. E a Bíblia realmente usa ambos os conceitos para descrever o que é chamado de conversão, que é como você se torna parte dessa família espiritual da igreja. Assim como você não escolhe nascer ou ser adotado, também não escolhe a conversão. Vamos explorar, então, o que a Bíblia ensina sobre o nascimento espiritual e a adoção como algo necessário para fazer parte da igreja.

### É preciso nascer de novo

Se você está confuso com o conceito de nascimento espiritual, você não é o primeiro. Na verdade, o nascimento espiritual espantou um dos primeiros seguidores de Jesus e levou a uma das conversas mais conhecidas do Novo Testamento. O nome do seguidor era Nicodemos, e você pode ler sobre ele em João 3. Ele pertencia aos fariseus, um grupo de judeus especialmente zelosos que muitas vezes entraram em conflito com Jesus por causa da interpretação da lei. Nicodemos, então, não se sentiu confortável em se aproximar de Jesus à luz do dia, por medo de ser visto com o inimigo. Mas ele não podia negar o que vira em Jesus. Era óbvio que Jesus não teria sido capaz de realizar milagres, como transformar água em vinho no casamento de Caná, a menos que viesse de Deus. No entanto, Nicodemos sequer chegou a fazer uma pergunta quando Jesus lançou esta bomba sobre ele: "Em verdade, em verdade te digo que, se alguém não nascer de novo, não pode ver o reino de Deus" (Jo 3.3).

Como assim? Nicodemos fez a pergunta óbvia em seguida: Como isso é possível? Depois de sair de sua mãe, você não pode voltar a entrar. Jesus não esclareceu muito em sua resposta: "Em verdade, em verdade te digo: quem não nascer da água e do Espírito não pode entrar no reino de Deus" (Jo 3.5).

Essa é a chave para nossas perguntas neste capítulo: Quem pode visitar o prédio de uma igreja para um culto de adoração? A resposta é: qualquer um! Mas quem pode pertencer à família espiritual chamada igreja? Somente aqueles que entraram no reino de Deus. Apenas aqueles que nasceram da água e do Espírito, de acordo com Jesus; isto é, apenas aqueles que nasceram de novo e foram batizados. Como isso acontece? Jesus explicou ao confuso Nicodemos: "Porque Deus amou ao mundo de tal maneira que deu o seu Filho unigênito, para que todo o que nele crê não pereça, mas tenha a vida eterna" (Jo 3.16).

Nicodemos esperava que só fosse possível entrar no reino de Deus observando a lei de Deus e suas extensas estipulações sobre trabalho e descanso, comida pura e impura e os vários sacrifícios de animais. Jesus resumiu a lei de uma forma revolucionária e simples: creia em mim, e eu darei a minha vida por você.

Jesus prossegue explicando que sua eventual morte na cruz, que parecia ser sua derrota, era na verdade o plano de Deus para satisfazer a justiça e perdoar o pecado. E ele provou isso em sua ressurreição dos mortos. Todos os que depositam sua fé em Jesus irão segui-lo após a morte para o céu. Quando este mundo acabar, seus corpos ressuscitarão, e eles desfrutarão da eternidade conforme Jesus governa no reino de Deus. Todos os que creem em Jesus serão salvos do julgamento de Deus sobre o pecado. Mas aqueles que o negam sofrerão o castigo eterno pela desobediência (Jo 3.36).

Mais tarde, o apóstolo Paulo diz desta forma: "Se, com a tua boca, confessares Jesus como Senhor e, em teu coração, creres que Deus o ressuscitou dentre os mortos, serás salvo" (Rm 10:9).

Na primeira vez que nascemos, herdamos o pecado de nossos pais, que vem desde a rebelião original de Adão e Eva (Gn 3). É por isso que devemos nascer de novo, para não morrermos sem esperança. Precisamos ser salvos das consequências do pecado, que são a morte eterna e a separação de Deus, nosso Criador. Mas assim como não pedimos para nascer da primeira vez, somente nosso Criador pode nos fazer nascer de novo. "Bendito o Deus e Pai de nosso Senhor Jesus Cristo, que, segundo a sua muita misericórdia, nos regenerou para uma viva esperança, mediante a ressurreição de Jesus Cristo dentre os mortos" (1Pe 1.3).

Portanto, a fé para crer em Jesus é um dom de Deus (Ef 2.8). E é um dom que Deus tem o prazer de dar a quem o pede. Ele vem para todos que se arrependem ou abandonam seus pecados e depositam toda sua fé em nada e em ninguém senão Jesus Cristo. Quando os apóstolos viram esse dom de arrependimento concedido aos gentios e não apenas aos judeus, eles glorificaram a Deus (At 11.18). Seguir a Deus significa abandonar todos os outros. Quando nascemos de novo, pertencemos inteiramente a ele. Redescobrir a igreja é perceber ou lembrar por que, antes de mais nada, nos reunimos. Nós nos reunimos para adorar a Deus — Pai, Filho e Espírito Santo —, que nos salvou do pecado e da morte. É isso que cantamos. É isso que ensinamos. É isso que observamos no batismo e na ceia do Senhor.

Sem conversão, sem nascer de novo, não há igreja para redescobrir. Se Jesus não morreu por nossos pecados nem ressuscitou no terceiro dia, não há mais esperança a ser encontrada dentro da igreja do que fora dela.

## Adotados como filhos e filhas

Uma vez, anos atrás, eu estava conversando com algumas pessoas queridas sobre a igreja. Eles sabiam que eu havia passado por uma poderosa experiência de conversão aos quinze anos. Quando nasci de novo, tudo mudou. Eu conheci Deus na Bíblia e em oração. Eu gostava de cantar para ele e sobre ele. Queria que todos os meus amigos soubessem como poderiam nascer de novo. Mesmo assim, alguns desses queridos não entenderam, por mais que tentassem. Eles queriam se relacionar comigo, por isso me diziam quando iam à igreja. Eu sabia que a igreja não significava nada para eles, que apenas queriam me agradar. Então lhes disse que parassem de ir à igreja. Enfim, uma ideia de que eles gostaram! Eles encontraram outras maneiras de passar as manhãs de domingo. Eu só queria que entendessem que não há valor intrínseco em frequentar a igreja se você não se dá o trabalho de crer no que está cantando, ouvindo ou dizendo.

Não tenho certeza se sempre recomendaria o "pare de ir à igreja" como uma estratégia evangelística. Mas, nesse caso, foi necessário, porque esses queridos frequentavam uma igreja que não ensinava claramente sobre a conversão. Por fim, eles conheceram outro pastor, que os convidou a crer em Jesus e nascer de novo. Eles começaram a frequentar sua igreja, onde foram batizados. E, agora, pertencem a essa família espiritual há quase vinte anos.

A conversão pode acontecer dentro ou fora da igreja. Pode ser uma experiência solitária ou compartilhada com amigos e colegas. Mas sempre deve resultar em fazer parte de uma igreja. Quando a Bíblia descreve nossa conversão como adoção, vemos essa dimensão comunitária. Podemos ler em

Gálatas 4.4, 5: "vindo, porém, a plenitude do tempo, Deus enviou seu Filho, nascido de mulher, nascido sob a lei, para resgatar os que estavam sob a lei, a fim de que recebêssemos a adoção de filhos". A palavra "filhos" reflete uma posição hereditária privilegiada no mundo antigo. Mas essa promessa se aplica a todos os homens e as mulheres que creem em Jesus. Quando Deus o adota, quando lhe dá o dom da fé em seu Filho, ele o recebe em uma família espiritual de irmãos e irmãs, a saber, a igreja.

Pense nisso desta maneira: na adoção, a criança ganha novos pais. Mas ela também ganha novos irmãos. Quando se torna um filho, ela também se torna um irmão — dois relacionamentos novos, mas distintos. Quando se torna um filho, você consegue um lugar na foto de família ao lado de seus irmãos. E é isso que acontece na conversão. Seu pai o coloca na foto de família com seus novos parentes.

Vamos dar uma olhada mais de perto nessa foto de família. Deus é o Pai que "nos predestinou [...] para adoção" (Ef 1.5). Antes do início dos tempos, ele reuniu essa família em todas as eras e de todos os lugares. Deus é o Filho, nosso irmão mais velho enviado pelo Pai para nos resgatar da escravidão ao pecado e à morte para que pudéssemos nos juntar à família (Rm 8.15; Gl 4.4). Deus é o Espírito que "testifica com o nosso espírito que somos filhos de Deus" (Rm 8.16). Portanto, na adoção, a foto de família é uma foto em movimento. Três pessoas — Pai, Filho e Espírito Santo — trabalham juntas em perfeita harmonia em nosso favor.

E onde estamos na foto? Como filhos e filhas, somos herdeiros com Cristo (Rm 8.17; Gl 4.7). Isso significa que compartilhamos sua herança (Ef 1.11, 14).

O que isso inclui? O apóstolo Paulo nos diz em Colossenses 1.16 que "tudo foi criado por meio dele e para ele". Sua tia-avó pode ter sido generosa, mas não dá para superar essa herança.

As famílias nem sempre se dão bem. Mas seus vínculos como membros da família os ajudam a perseverar em meio ao conflito. O sangue compartilhado prevalece. Isso também é verdade com a igreja. Por termos sido reconciliados com Deus por meio do arrependimento e da fé, também fomos reconciliados uns com os outros. O sangue de Cristo prevaleceu na igreja primitiva sobre as divisões entre gentios e judeus. Essa divisão faz com que os problemas nas igrejas hoje pareçam simples em comparação. Mas veja o milagre operado pela conversão quando judeus e gentios creem no evangelho juntos:

> Assim, já não sois estrangeiros e peregrinos, mas concidadãos dos santos, e sois da família de Deus, edificados sobre o fundamento dos apóstolos e profetas, sendo ele mesmo, Cristo Jesus, a pedra angular; no qual todo o edifício, bem-ajustado, cresce para santuário dedicado ao Senhor, no qual também vós juntamente estais sendo edificados para habitação de Deus no Espírito. (Ef 2.19-22)

Quando uma igreja se deleita em conjunto com a alegria da conversão, os crentes ganham outra perspectiva sobre o que ainda os divide. O santo templo de Deus não é derrubado assim tão facilmente.

## Separados

Uma das maiores responsabilidades que tenho como presbítero em minha igreja é entrevistar novos membros. Nos últimos cinco anos ou mais, meus colegas presbíteros e eu recebemos mais de mil novos membros. Isso significa que ouvi muitas histórias de conversão. Não me encontro com eles para interrogar os que estão interessados em serem membros, mas simplesmente para confirmar que experimentaram a conversão que estamos discutindo neste capítulo e podem explicá-la a alguém mais que deseje ser um cristão.

A história de cada pessoa é única no que diz respeito ao papel da família, da igreja ou de ministérios como o de jovens. Alguns se envolveram em pecados especialmente perversos; a maioria não. Raramente encontro alguém que não tenha se afastado da igreja por um tempo. Normalmente, a fé da pessoa não é exatamente igual à da família onde cresceu. Gosto de ouvir essas histórias ecléticas sobre a obra de adoção de Deus, de como as pessoas nascem de novo; isso nunca fica cansativo.

Ocasionalmente, encontro alguém que deseja fazer parte de nossa igreja, mas claramente não nasceu de novo. Às vezes, peço para a pessoa que explique as boas-novas ou o evangelho de Jesus, e é como se eu tivesse pedido a meu filho de seis anos que explicasse a teoria da relatividade de Einstein. Não recebo nada além de um olhar perdido. Mais frequentemente, ouço uma história sobre igreja, moralidade e provações, mas nada especificamente sobre o pecado e a graça salvadora de Jesus. Nenhuma mudança da morte para a vida, do julgamento para a ressurreição.

Onde eu moro, é bastante comum que as igrejas incluam muitos membros que não foram convertidos. Poucos parecem pelo menos entender por que isso é um problema. Mas a Bíblia apresenta a conversão como uma transformação que separa o povo de Deus do mundo. É uma experiência que altera a eternidade. Isso é o que os escritores do Antigo Testamento às vezes chamam de "nova aliança". Falando em nome de Deus, o profeta Jeremias prometeu a Israel: "Na mente, lhes imprimirei as minhas leis, também no coração lhas inscreverei; eu serei o seu Deus, e eles serão o meu povo" (Jr 31.33). Escrevendo um pouco mais tarde e falando por Deus, o profeta Ezequiel antecipou o que Jesus diria a Nicodemos: "Dar-vos-ei coração novo e porei dentro de vós espírito novo; tirarei de vós o coração de pedra e vos darei coração de carne. Porei dentro de vós o meu Espírito e farei que andeis nos meus estatutos, guardeis os meus juízos e os observeis" (Ez 36.26, 27).

Passagens como essas não descrevem a igreja como um lugar onde as pessoas *meio que* tentam ser boas e *meio que* tentam ajudar uns aos outros, pelo menos se for conveniente. Não, a nova aliança penetra profundamente em nossos corações. Ela faz uma mudança radical. Ela nos faz abandonar nossa vida anterior e nos voltar para Cristo. Ela fornece o poder do Espírito para obedecer à lei escrita em novos corações.

Dentro da igreja, não podemos saber o verdadeiro estado espiritual de todos, o que eles creem do fundo do coração. Mas isso não muda o projeto arquitetônico da Bíblia para nossas igrejas — qual a *intenção* dela e quais deveriam ser nossas práticas. Se você nasceu de novo, isto é, arrependeu-se de seus pecados e crê em Jesus, você pode pertencer à igreja. Você não precisa se contentar com o dever sem compreensão ou propósito enquanto sonha acordado junto com o meu eu mais jovem sobre um futuro sem igrejas. Quando você é convertido, não pode deixar de adorar. Você fica ansioso para se reunir e adorar com outros crentes em Jesus.

Falando em reuniões...

### Leitura recomendada

Timothy Keller, *O Deus pródigo: recuperando a essência da fé cristã* (São Paulo: Vida Nova, 2018).

Michael Lawrence, *Conversão: como Deus cria um povo* (São Paulo: Vida Nova, 2017).

A igreja é um grupo de cristãos

↓

**que se reúne como uma embaixada terrena
do reino celestial de Cristo**

↓

para proclamar as boas-novas
e os mandamentos de Cristo, o Rei;

↓

para afirmar uns aos outros como
seus cidadãos por meio das ordenanças;

↓

e para evidenciar o amor e a santidade de Deus

↓

por meio de um povo
unificado e diverso

↓

em todo o mundo,

↓

seguindo o ensino e o exemplo dos presbíteros.

# 3
# Precisamos realmente nos reunir?

*Jonathan Leeman*

**Em todo o mundo, ouvimos cada vez mais** acerca de novos protestos políticos. Quando milhares de cidadãos se reúnem e marcham para fins políticos, o público presta atenção. Repórteres aparecem. As câmeras de vídeo são ligadas. Políticos dão entrevistas. E as pessoas em casa assistem em seus telefones, clicando em link atrás de link atrás de link. Então, depois de algumas semanas, uma legislatura pode aprovar novas leis. Um órgão governamental pode promulgar novas políticas. E a consciência de uma nação pode ser mudada, mesmo que só um pouco.

Grupos de pessoas são poderosos, não apenas pelo que acontece quando eles se reúnem, mas pelo que esse grupo *se torna* ao se reunir. As pessoas do grupo podem se tornar um movimento. Uma força. O início de uma mudança no mundo, para melhor ou para pior. O todo é maior do que a soma das suas partes.

Não é de surpreender que acadêmicos escrevam livros sobre psicologia das multidões. As pessoas chegam com seus desejos ou queixas. Um orador carismático afirma esses desejos ou queixas. As pessoas olham ao redor e veem cabeças assentindo. Ouvem gritos de concordância. Indivíduos descobrem que não estão sozinhos. Seus desejos crescem. Eles podem até ser mobilizados para a ação, para construir ou destruir.

O que torna os ajuntamentos tão poderosos? O fato de você estar fisicamente *presente*. Você vê; você ouve; você sente. Diferente de assistir a algo em uma tela, na qual você está fisicamente distante do que está assistindo, uma reunião ou um ajuntamento literalmente o cerca. Isso define toda a sua realidade. Deus nos fez alma e corpo, e, de alguma forma, misteriosamente, ele os entrelaça de forma que aquilo que afeta o corpo afeta a alma. Em um ajuntamento, experimentamos o que outras pessoas amam, odeiam, temem e acreditam, e nosso senso de *o que é normal* e *o que é certo* pode mudar relativamente rápido. Os amores, os ódios, os medos ou as crenças da multidão tornam-se nossos. Isso não surpreende. Deus também nos fez criaturas "espelhantes" (veja Gn 1.26-28). Ele nos criou para espelharmos sua própria justiça, mas nós escolhemos espelhar outras coisas. É assim que as culturas se formam. Nós espelhamos, imitamos ou copiamos as pessoas ao nosso redor de formas boas e ruins. Os ajuntamentos simplesmente aceleram o processo.

Mas os ajuntamentos não são poderosos apenas para as pessoas dentro deles. Eles afetam os de fora também. Talvez você tenha caminhado por um parque, visto uma multidão e esticado o pescoço nessa direção. "O que está acontecendo?", você se perguntou. Então você caminhou até bem próximo à multidão e deu uma espiada. Por quê? Porque você se perguntou se estava acontecendo algo que não queria perder, algo importante ou emocionante.

Ou você pega seu celular e vê uma notificação sobre uma passeata. Você pensa: "Uau, isso parece uma grande coisa". E você clica no link.

Ajuntamentos mudam vidas, mudam culturas, mudam o mundo. Eles são poderosos.

### Igrejas se reúnem e são reuniões

Como em um protesto político, a reunião da igreja molda um povo. Ela molda cada um de nós como indivíduos e nos molda coletivamente em uma cultura, uma força ou um movimento. Ela nos molda como a cidade de Deus. E, como em um protesto, esse ajuntamento oferece um testemunho visível para o mundo inteiro ver. Diz ao mundo que somos cidadãos do céu. "O que está acontecendo ali?", eles perguntam.

Um pastor amigo nosso observou recentemente que, quando as quarentenas da COVID-19 terminaram, sua igreja descobriu de novo como a reunião é profundamente "espiritual". Essa foi a palavra que ele usou: "espiritual". Ele está certo, nossas reuniões são espirituais. No entanto, ironicamente, elas são espirituais porque, pelo menos em parte, são físicas.

Deus sempre quis que seu povo estivesse fisicamente reunido com ele. É por isso que ele criou Adão e Eva com corpos físicos e caminhou com eles no jardim do Éden. Ele os expulsou de sua presença apenas quando pecaram.

Deus então reuniu o povo de Israel na terra prometida e lhe disse que se reunisse regularmente no templo onde ele habitava (p. ex., Dt 16.16; 31.10-12, 30). Novamente, eles pecaram, e, novamente, ele os expulsou da terra.

Talvez a prova mais clara de que Deus deseja se reunir com seu povo seja a encarnação. O Filho de Deus assumiu um corpo. Aquele que estava *com* Deus e que era Deus (Jo 1.1, 2) se revestiu de carne para que pudesse estar *conosco* (Jo 1.14). E ele prometeu edificar sua igreja — uma palavra que, traduzida literalmente, significa "assembleia" (Mt 16.18).

É possível que você nunca tenha se perguntado por que Jesus escolheu a palavra "igreja". Os judeus da época de Jesus se reuniam nas sinagogas, mas Jesus não usou a palavra "sinagoga". Ele usou a palavra "igreja". Por quê? Podemos responder a isso olhando para trás e para a frente no enredo da Bíblia. Olhando para trás, aprendemos que foi profetizado que Jesus reuniria um povo que fora espalhado pelo exílio (veja Jl 2.16). Olhando para a frente, entendemos que Jesus queria que essas assembleias — essas igrejas — antecipassem a assembleia final onde Deus habitará com seu povo mais uma vez: "Eis o tabernáculo de Deus com os homens. Deus habitará com eles" (Ap 21.3; também 7.9ss.).

Nossas igrejas locais reunidas representam a presença de Deus com o homem — onde o céu vem à terra. "Porque, onde estiverem dois ou três reunidos em meu nome, ali estou no meio deles" (Mt 18.20; também v. 17). Isso não acontece na internet nem na nossa cabeça. Acontece "quando vocês se reúnem como igreja", para usar uma frase de Paulo, a qual sugere que há um sentido em que uma igreja não é uma igreja até que se reúna (1Co 11.18, NVI).

Às vezes, as pessoas gostam de dizer que "uma igreja é um povo, não um lugar". É um pouco mais exato dizer que uma igreja é um povo reunido em um lugar. Reunir-se ou ajuntar-se regularmente faz uma igreja ser uma igreja. Isso não significa que uma igreja deixe de ser igreja quando as pessoas não estão reunidas, assim como um "time" de futebol não deixa de ser um time quando os membros não estão jogando. O ponto é que reunir-se regularmente é necessário para que uma igreja seja uma igreja, assim como um time tem que se reunir para jogar para ser um time.

Jesus organizou o cristianismo dessa maneira. Seu intuito é centralizar nosso cristianismo em torno de nos reunirmos regularmente, vermos uns aos outros, aprendermos uns com os outros, encorajarmos e corrigirmos uns aos outros e amarmos uns aos outros. Coisas espirituais acontecem quando os cristãos ficam lado a lado, respiram o mesmo ar, unem as vozes em canções, ouvem o mesmo sermão e partilham do mesmo pão (veja 1Co 10.17). Você olha em volta e pensa: "Eu não estou sozinho nesta fé. O que podemos fazer juntos?".

Isso é bastante teologia, mas vem com uma lição. Isso explica por que o autor de Hebreus escreve:

> Consideremo-nos também uns aos outros, para nos estimularmos ao amor e às boas obras. Não deixemos de congregar-nos, como é costume de alguns; antes, façamos admoestações e tanto mais quanto vedes que o Dia se aproxima. Porque, se vivermos deliberadamente em pecado, depois de termos recebido o pleno conhecimento da verdade, já não resta sacrifício pelos pecados; pelo contrário, certa expectação horrível de juízo e fogo vingador prestes a consumir os adversários. (Hb 10.24-27)

Na reunião, estimulamos uns aos outros ao amor e às boas obras. Nós encorajamos uns aos outros. E observe a advertência do autor: se continuarmos pecando por não fazer essas coisas — incluindo não se reunir —, devemos esperar o julgamento de Deus. Meu Deus! Ele leva isso a sério.

Não é que ir à igreja *faz* de você um cristão. A questão é que frequentar a igreja é o que os cristãos fazem. Isso demonstra que o Espírito de Cristo está em nós, e, portanto, desejamos estar com o povo de Cristo.

### Centrado na Palavra de Deus

Alguns capítulos atrás, contei que passei de não frequentar a igreja a frequentá-la três vezes por semana quando me mudei para Washington, DC. Antes disso, eu evitava o povo de Deus e ficava até um pouco envergonhado de ser visto perto deles. No entanto, de repente e estranhamente, eu *desejava* estar com eles. Todas as semanas, ansiava por estar com a igreja.

O que animou essa mudança? De modo mais proeminente, eu queria ouvir de Deus. Afinal, é *isso* que torna as reuniões da igreja distintas de protestos políticos ou de qualquer outra assembleia — nos reunimos em torno das próprias palavras de Deus: "tendo vós recebido a palavra que de nós ouvistes, que é de Deus, acolhestes não como palavra de homens, e sim como, em verdade é, a palavra de Deus, a qual, com efeito, está operando eficazmente em vós, os que credes" (1Ts 2.13). No ajuntamento da igreja, Deus fala, e os cidadãos do planeta Terra podem ouvir a Deus e ver um povo crescendo em torno da Palavra dele. Quando os incrédulos entram na reunião, Paulo promete, são convencidos do pecado, os segredos de seus corações são revelados e eles se prostram e adoram a Deus, exclamando: "Deus está, de fato, no meio de vós!" (Veja 1Co 14.24, 25).

## O desafio da COVID-19: não se reunir

A pandemia da COVID-19 foi um desafio para as igrejas em todo o mundo precisamente porque, em muitos lugares, os santos tiveram dificuldade em se reunir e aprender a estimar as palavras de Deus juntos. Depois de alguns meses sem reuniões durante o período inicial da COVID-19, senti como se estivesse perdendo o rastro da minha igreja. Os amigos perguntavam: "Como está a sua igreja?", e eu tinha dificuldade em responder. Eu fazia ligações regulares e enviava mensagens de texto para os membros individualmente, mas não conseguia mentalizar todo o corpo. A igreja parecia água de chuva em um estacionamento depois de uma tempestade: toda espalhada em poças rasas aqui e ali.

Os presbíteros se preocupavam mais com os membros espiritualmente fracos que estavam com dificuldades em sua fé ou enfrentando tentações específicas. Nós nos preocupamos com aqueles que já pareciam estar espiritualmente à deriva, aqueles com um pé do lado de fora.

Contudo, não nos reunirmos afetou a todos — tanto os espiritualmente maduros quanto os imaturos. Cada um de nós precisa ver e ouvir nossos santos irmãos regularmente. Caso contrário, são apenas os padrões dos colegas de trabalho, dos amigos da escola ou dos personagens de televisão que observamos.

Assim que a pandemia começou, muitas igrejas em todo o mundo transmitiram ao vivo seus cultos, e muitas vozes exaltaram o valor duradouro da "igreja virtual". Os pastores que antes criticavam a ideia agora abriram "*campi* virtuais" e os prepararam com pastores em tempo integral, prometendo que esses *campi* continuariam indefinidamente. *Esse* foi um desenvolvimento emocionante na história do cumprimento da Grande Comissão, disseram alguns.

Ainda assim, nos perguntamos: O que fica faltando quando sua experiência na "igreja" nada mais é do que uma transmissão ao vivo semanalmente? Para começar, você pensa menos nos outros membros. Eles não vêm à mente. Você não esbarra neles nem tem conversas rápidas que levam a conversas mais longas durante o jantar. Além disso, você se afasta do caminho do encorajamento, da prestação de contas e do amor.

Louvado seja Deus porque podemos "baixar" as verdades bíblicas virtualmente. Mas vamos louvar a Deus porque a vida cristã é mais do que apenas uma transferência de informações. Quando a igreja está apenas online, não podemos sentir, experimentar e testemunhar essas verdades tornando-se encarnadas na família de Deus, que fortalece nossa fé e cria laços de amor entre irmãos e irmãs. "Igreja virtual" é um oxímoro.

Pense nisso. Talvez você tenha lutado com um ódio oculto por um irmão durante toda a semana. Mas então a presença dele à mesa do Senhor leva você ao arrependimento e à confissão. Você lida com suspeitas em relação a uma irmã. Mas então você a vê cantando as mesmas canções de louvor, e seu coração se aquece. Você sofre com a ansiedade sobre o que está acontecendo politicamente em sua nação. Mas então o pregador declara a vinda de Cristo em vitória e vindicação, você ouve gritos de "Amém!" ao seu redor e se lembra de que pertence a uma cidadania celestial unida em esperança. Você está tentado a manter seus problemas no escuro. Mas então a pergunta carinhosa, mas incisiva do casal mais velho durante o almoço — "Como vai você *de verdade*?" — atrai você para a luz.

Nada disso pode ser experimentado virtualmente. Deus nos fez criaturas físicas e relacionais. Definitivamente, a vida cristã e da vida da igreja não podem ser baixadas. Deve-se observá-las, ouvi-las, adentrá-las e segui-las. Paulo, portanto, exortou Timóteo a zelar por sua vida e doutrina, visto que ambas seriam cruciais para salvar a si mesmo e a seus ouvintes (1Tm 4.16).

Não é nenhuma surpresa que a popularidade da igreja virtual ou online esteja crescendo. Ela é conveniente e, honestamente, permite que você evite relacionamentos complicados. Entendemos; essa é uma tentação forte. Quando ainda era solteiro, me mudei para outra cidade. Eu não tinha uma igreja nem conhecia ninguém. Poucos dias depois de chegar, o pensamento cruzou minha mente: "Posso sair e fazer o que quiser. Ninguém está aqui para ver, ouvir ou perguntar. Isso é interessante". Felizmente, o Espírito imediatamente me repreendeu: "Você sabe de onde vem esse pensamento. Não, isso não é um impulso a ser seguido". Quanta graça! O Espírito graciosamente refreou meu coração naquele dia. No entanto, não perca a lição: normalmente, ele tenciona usar irmãos e irmãs na igreja para nos ajudar a lutar contra a insensatez e a tentação.

Sim, reunir-se com a igreja pode ser inconveniente, mas o amor também é. Relacionamentos são complicados, mas o amor também é. Conversas francas são assustadoras, mas o amor também é.

Nosso temor é que o impulso em direção à igreja virtual seja um impulso para individualizar o cristianismo. Podemos debater a sabedoria de usar tal ferramenta por um tempo limitado em uma emergência, como uma pandemia. Cidades costeiras de países em guerra muitas vezes eram proibidas de se reunir nas noites de domingo durante a Segunda Guerra Mundial por causa dos blecautes impostos pelo governo. Bem razoável. No entanto, oferecer ou encorajar a igreja virtual como uma opção permanente, mesmo com boas intenções, fere o discipulado cristão. Ela treina os cristãos a pensar em sua fé em termos autônomos. Ensina que podem seguir Jesus como um membro da "família de Deus", em algum sentido abstrato, sem ensiná-los o que significa ser parte de uma família e fazer sacrifícios por uma família.

Nesse sentido, os pastores devem encorajar as pessoas a se afastarem da "presença" virtual tanto quanto possível. Recentemente, disse aos meus companheiros presbíteros: "Irmãos, precisamos encontrar uma maneira gentil de lembrar nossos membros de que a opção de transmissão ao vivo não é boa para eles. Não é boa para seu discipulado e não é boa para sua fé. Queremos que isso fique claro para eles, para que não se tornem complacentes e não se esforcem para se reunir conosco, se puderem". O mandamento da Bíblia para congregar não deve ser um fardo (veja Hb 10.25; 1Jo 5.3); antes, é para o bem da nossa fé, do nosso amor e da nossa alegria.

## Embaixada do céu

Começamos este capítulo comparando a reunião da igreja a um protesto. Mas há uma metáfora melhor que nos preparará bem para os próximos capítulos. Igrejas reunidas são *embaixadas do céu*.

Uma embaixada é um posto avançado de uma nação, oficialmente sancionado, dentro das fronteiras de outra nação. Ela representa e fala em nome dessa nação estrangeira. Ela representa seu governo. Por exemplo, se você alguma vez visitar a capital de seu país, poderá andar pelo Setor das Embaixadas, onde se concentram embaixadas de todo o mundo. Você verá a bandeira e a embaixada do Japão, depois as do Reino Unido, da Itália e da Finlândia. Cada embaixada representa uma nação do mundo e seu governo. Se você entrar em uma dessas embaixadas, ouvirá a língua da nação que ela representa. Entre a equipe de funcionários, você experimentaria sua cultura. Se você comparecesse a um jantar na embaixada, experimentaria suas iguarias. E se você entrasse sorrateiramente nos escritórios (presumimos), aprenderia sobre seus negócios diplomáticos.

O que é uma igreja reunida? É uma embaixada do céu. Entre na sua igreja ou na nossa, e o que você deve encontrar? Uma nação totalmente diferente: peregrinos, exilados, cidadãos do reino de Cristo. Dentro dessas igrejas, você ouvirá as palavras do Rei dos céus serem declaradas. Você ouvirá a linguagem da fé, da esperança e do amor do céu. Você terá uma degustação do banquete celestial do fim dos tempos por meio da ceia do Senhor. E você será encarregado de seus negócios diplomáticos ao ser chamado para levar o evangelho à sua nação e a todas as outras nações.

E não apenas isso, você deve experimentar o início da cultura do céu. Os cidadãos celestiais dessa embaixada são pobres de espírito e mansos. Por seguirem a Cristo, eles têm fome e sede de justiça. São puros de coração. São pacificadores que dão a outra face, caminham a segunda milha e dão suas camisas e agasalhos se você pedir. Eles nem mesmo olham para uma mulher com lascívia, nem sequer cometem adultério; eles não odiarão, muito menos cometerão assassinato.

Jesus não pediu às Nações Unidas, à Suprema Corte ou a um departamento de filosofia de universidade que o representasse e declarasse seus julgamentos. Ele pediu aos humildes, aos pequenos, às coisas que não são (1Co 1.28). Ele pediu à sua igreja e à nossa.

Infelizmente, nossas igrejas nem sempre declaram e personificam o céu adequadamente. Vamos decepcioná-lo e dizer coisas insensíveis. Vamos até pecar contra você. Nossas assembleias são meramente sinais e prenúncios daquela futura assembleia celestial, assim como os pequenos pedaços de pão que recebemos na ceia do Senhor são sinais de um banquete celestial. Eles não são a coisa em si. No entanto, nosso desejo é indicar a você o coração do céu, que é o próprio Cristo. Ele nunca peca ou decepciona. A boa notícia é que pecadores como você podem se juntar a nós nesse empreendimento, se você apenas confessar seus pecados e segui-lo.

## Leitura recomendada

Jay Y. Kim, *Analog church: why we need real people, places, and things in the digital age* (Downers Grove, IL: InterVarsity Press, 2020).

Jonathan Leeman, *One assembly: rethinking the multisite and multiservice model* (Wheaton, IL: Crossway, 2020).

A igreja é um grupo de cristãos

↓

que se reúne como uma embaixada terrena
do reino celestial de Cristo

↓

**para proclamar as boas-novas
e os mandamentos de Cristo, o Rei;**

↓

para afirmar uns aos outros como
seus cidadãos por meio das ordenanças;

↓

e para evidenciar o amor e a santidade de Deus

↓

por meio de um povo
unificado e diverso

↓

em todo o mundo,

↓

seguindo o ensino e o exemplo dos presbíteros.

# 4
# Por que a pregação e o ensino são centrais?

*Collin Hansen*

**O que dá a qualquer pregador** o direito de se levantar por meia hora, digamos, pelo menos uma vez por semana e reivindicar falar em nome de Deus? Nem mesmo o Presidente ostenta tal autoridade. Ninguém acha que um professor de matemática ou de literatura merece esse privilégio. E quantos outros monólogos unidirecionais você encontra regularmente hoje em dia? O que antes era popular, o material de entretenimento itinerante no mundo antigo, dificilmente atrairia uma multidão em qualquer centro de cidade hoje, muito menos abriria o caminho para uma carreira lucrativa de falar em público.

Os pregadores não obtêm sua autoridade de conhecimento superior, poder político ou floreio retórico. Eles a obtêm somente da Palavra de Deus. "Prega a palavra", disse Paulo a seu jovem discípulo Timóteo, o pastor em Éfeso; "insta, quer seja oportuno, quer não, corrige, repreende, exorta com toda a longanimidade e doutrina" (2Tm 4.2).

Os pregadores não têm autoridade quando estão avaliando a série mais recente da Netflix. Eles não têm autoridade quando você pede uma recomendação de restaurante. Eles não têm autoridade se estiverem compartilhando opiniões sobre uma teoria da conspiração que viram no Facebook. Eles podem ter algumas opiniões boas, interessantes ou valiosas. Podem dar alguns bons conselhos se você precisar, digamos, de ajuda para encontrar um emprego. Mas obtêm autoridade especial para falar em nome de Deus apenas quando pregam sua Palavra.

Ninguém é melhor pregador do que Jesus. E ninguém pode pregar uma mensagem melhor do que seu Sermão do Monte. Sua verdade e seu poder ainda mudam vidas e nos movem hoje. Mas ele também pareceu aos ouvintes originais como algo diferente do que normalmente ouviam dos mestres. Mateus nos diz: "Quando Jesus acabou de proferir estas palavras, estavam as multidões maravilhadas da sua doutrina; porque ele as ensinava como quem tem autoridade e não como os escribas" (Mt 7.28, 29). Os escribas eram os mestres oficiais de Israel. Então, por que as multidões não respeitavam sua autoridade? Porque eles ensinavam seus próprios pensamentos. Eles acrescentavam suas próprias leis à lei de Deus. Jesus, sendo o próprio Deus, ensinava com autoridade, como quem escreveu e obedeceu à lei perfeitamente.

Quando redescobrimos a igreja, buscamos autoridade divina e não apenas sabedoria humana. Temos sabedoria humana mais do que suficiente hoje. Você nunca teve um acesso tão amplo a ela. Livros de autoajuda dominam as listas dos mais vendidos. Os podcasts prometem fazer você uma pessoa melhor. A internet é uma fonte inesgotável.

Portanto, uma igreja que oferece sabedoria humana encontra forte competição. Por que ouvir um pastor local em vez de assinar um canal do YouTube? Por que acordar cedo no domingo em vez de assistir aos noticiários protagonizados por políticos poderosos?

Nós nos levantamos e nos reunimos com a igreja semanalmente porque é onde ouvimos o Rei divino — suas boas-novas e seus conselhos para nossas vidas. Nós o ouvimos falar toda vez que abrimos nossas Bíblias, sim, mas o ouvimos *juntos* na reunião semanal. Somos formados *juntos* como um povo ali. É por isso que a pregação e o ensino são fundamentais para as reuniões de nossas igrejas. Centralizar nossas reuniões em torno da Palavra de Deus cultiva a cultura celestial que deve nos caracterizar como um povo distinto, para que possamos, assim, ser sal e luz em nossas distintas cidades e nações.

Com a ajuda do Espírito, você reconhece a sabedoria divina quando a ouve. E não é como a sabedoria humana dos autodenominados escribas de hoje, tão comuns nas redes sociais e nos livros mais vendidos. A autoridade do pregador cobre tudo o que Deus disse, mas não vai além do que Deus disse. Os pregadores podem ser culpados de falar demais ou de falar muito pouco. Isso significa que a Palavra é a base, mas também o limite do sermão.

Mark Dever frequentemente compara o trabalho do pregador com a tarefa de um carteiro. O carteiro não vai até a sua porta, abre a correspondência, escreve algumas anotações extras, fecha novamente o envelope e coloca a carta em sua caixa de correio. Um carteiro simplesmente entrega a correspondência.

Assim é com um pregador. A Palavra nos ajuda a discernir a autoridade adequada dele. Ele tem autoridade para entregar a correspondência, nada mais.

Gurus de autoajuda carecem de autoridade porque têm um permanente interesse em lhe dizer o que você quer ouvir; caso contrário, você não comprará seus produtos nem assinará seus programas. Esses escribas vão além da Palavra de Deus e reivindicam autoridade que não lhes pertence. Eles procuram amarrar sua consciência em questões que não podem ser determinadas apenas pelas Escrituras. Eles podem tentar lhe dizer com quem namorar, em quem votar, em que escola matricular seus filhos ou que tipo de roupa indica piedade. Em todas essas coisas, podem realmente transmitir sabedoria, mas não devemos igualar bons conselhos com autoridade divina. O sermão não é o lugar para cogitações humanas, mas para o poder divino.

### Assim diz o Senhor

Em todo o Antigo Testamento, os profetas ecoavam um refrão: "Assim diz o Senhor". Eles falavam com autoridade porque Deus lhes confiou sua mensagem. Eles falavam em nome dele. Isso significa que os profetas nem sempre diziam o que as pessoas queriam ouvir. Na verdade, era comum que os reis punissem os profetas quando não gostavam do que ouviam.

Por exemplo, o rei Zedequias permitiu que o profeta Jeremias fosse lançado em uma cisterna e deixado para morrer de fome (Jr 38.9). Por que o rei fez isso? Jeremias dissera aos judeus em Jerusalém que, se eles permanecessem na cidade, os caldeus os matariam. Ele estava certo, é claro. Mas não era isso que o rei e seus comandantes militares queriam ouvir. Isso era ruim para o moral (v. 2-4). Eles culparam o mensageiro para não ter que dar ouvidos à mensagem. Eles preferiam profetas que contavam mentiras confortadoras. Deus, em contrapartida, não se entreteve com a mentira: "Eis que os alimentarei com absinto e lhes darei a beber água venenosa; porque dos profetas de Jerusalém se derramou a impiedade sobre toda a terra" (Jr 23.15).

Por meio de seu profeta Ezequiel, Deus repreendeu os líderes, ou "pastores", de Israel que mentiram ao povo que foram ordenados a proteger: "Ai dos pastores de Israel que se apascentam a si mesmos! Não apascentarão os pastores as ovelhas? Comeis a gordura, vestis-vos da lã e degolais o cevado; mas não apascentais as ovelhas" (Ez 34.2, 3).

As experiências de Israel alertam que, à medida que redescobrimos a igreja, somos propensos a buscar líderes que nos dizem apenas o que queremos ouvir. E os líderes são tentados a dar às pessoas o que elas desejam, porque é mais fácil ganhar a vida assim. É até possível que os pregadores soem como ousados denunciadores da verdade quando falam asperamente apenas sobre as pessoas de fora de suas igrejas. Eles podem parecer corajosos, mas nunca realmente desafiam as pessoas que pagam suas contas.

Na verdade, esse pode ser o maior desafio que a maioria dos pregadores enfrenta. Como eles podem pregar a Bíblia e nada além da Bíblia sem pisar em muitos calos? Como dizer coisas duras e verdadeiras para as pessoas que controlam seus meios de subsistência e podem removê-los, bem como suas famílias, de suas casas e comunidades?

## Ensine a Palavra a si mesmo

Considerando essa tentação para os pregadores, é importante que o restante de nós esteja disposto a ouvir e a atender à Palavra, mesmo que nem sempre gostemos ou concordemos com ela de início. Ao redescobrir a igreja, você deve procurar pregadores que não apenas o farão depender deles para percepções bíblicas ocultas, mas também lhe mostrarão como ensinar a Palavra a si mesmo.

Os melhores pregadores não fazem você se maravilhar com as habilidades deles. Eles lhe mostram a glória de Deus como está em sua Palavra. E, quando vê Deus dessa maneira, você deseja tanto dele quanto puder receber. Você cresce no anseio de ler e de aplicar a Palavra por si mesmo. Então você entra em um ciclo virtuoso. Quanto mais os pregadores o ajudam a conhecer e a amar a Palavra, mais você desenvolve esse gosto por si mesmo, e uma melhor preferência pela pregação substancial.

Esse relacionamento entre pregadores e membros da igreja é a chave para qualquer igreja saudável porque nunca há apenas um mestre na igreja. Todos nós fomos chamados para ensinar a Palavra de alguma forma. Por exemplo, todos os presbíteros, e não apenas o pregador, devem ser "aptos a ensinar" como parte de sua liderança (1Tm 3.2). Os pais ensinam a Palavra aos filhos (Dt 6.7). Mulheres mais velhas ensinam mulheres mais jovens (Tt 2.3-5).

Pense sobre a obra da Palavra em uma igreja por meio de pelo menos quatro movimentos: (1) o pregador traz a Palavra para toda a igreja; (2) os membros da igreja respondem portando a Palavra de Deus em suas bocas e seus corações por meio de cânticos e orações comunitárias; (3) todos os membros da igreja ensinam a Palavra a si mesmos; (4) e vários membros da igreja ensinam a Palavra uns aos outros e à próxima geração. Isso significa que cada membro da igreja foi chamado de alguma forma como aluno e, também, professor da Palavra.

Com essa visão da Palavra, as igrejas se protegem de um dos problemas mais comuns hoje, que os próprios escritores bíblicos previram e enfrentaram. Paulo disse a Timóteo para advertir os efésios que "nem se ocupem com fábulas e genealogias sem fim, que, antes, promovem discussões do que o serviço de Deus, na fé" (1Tm 1.4). Na Segunda Carta de Paulo a Timóteo, ele também advertiu: "Pois haverá tempo em que não suportarão a sã doutrina; pelo contrário, cercar-se-ão de mestres segundo as suas próprias cobiças, como que sentindo coceira nos ouvidos; e se recusarão a dar ouvidos à verdade, entregando-se às fábulas" (2Tm 4.3, 4). Vemos, então, que uma igreja focada na Palavra estará menos interessada em "suas próprias cobiças", especulações que dão a aparência de conhecimento, mas, na verdade, indicam tolice. Pergunto-me se Paulo não pensaria que o próprio Satanás criou a internet como uma ferramenta para dividir e distrair igrejas com especulações sem fim.

Pense no desafio único do pregador durante o isolamento em alguns lugares do mundo. Ele pode requerer cerca de quarenta a sessenta minutos de sua atenção esta semana. E isso se sua atenção não for distraída por crianças, sonolência e mensagens de texto aparecendo enquanto você tenta assistir ao sermão em casa. Mas as redes sociais, os vídeos e os podcasts demandam aparentemente cada momento livre entre trabalhar, dirigir e dormir. Não surpreende que se tenha a sensação de que nossas igrejas não conseguem pensar da mesma maneira! Não estamos priorizando as mesmas páginas das Escrituras. As igrejas que sairão mais fortes após as consequências da COVID-19 serão aquelas que fizeram diferenciação entre a Palavra de Deus pregada com poder e as incontáveis outras palavras que competiam por nossa atenção cada vez menor.

## O que é um bom sermão?

Enquanto redescobre a igreja, você pode encontrar uma variedade de estilos e durações de sermões. Você não encontrará na Bíblia nenhuma fórmula clara. Toda a Bíblia é inspirada por Deus, mas você ainda consegue perceber as personalidades dos diferentes autores. Paulo não soa como Pedro, que não soa como João. Você pode preferir seus sermões com fervor emocional. Pode preferi-los com referências abundantes ao hebraico e ao grego. Uma delas ou ambas as abordagens, no mesmo sermão, podem ser usadas por Deus para nos mover em direção ao amor e à obediência.

Você também pode ouvir pregadores debatendo se os sermões devem ser tópicos ou expositivos. Algumas situações podem justificar sermões tópicos sobre uma eleição próxima, uma pandemia global ou uma injustiça racial, para citar apenas três tópicos de interesse recente. Mas muitas mensagens em tópicos correm o risco de corroer a autoridade dos pregadores ao tentá-los a contorcer o significado da Bíblia para afirmar seus pontos de vista. É melhor, acreditamos, fazer dos sermões expositivos a dieta constante da igreja, a qual *expõem* o texto ao tornar o ponto da passagem bíblica o ponto da mensagem. Como muitos pregadores já disseram, Paulo não ordena apenas que os pregadores preguem, mas que preguem *a Palavra*.

A pregação que se move sequencialmente semana após semana ao longo de versículos e capítulos da Bíblia também permite que Deus, e não o pregador, defina a agenda. Lembre-se de que o pregador é um carteiro que entrega a correspondência. "Esta semana, vamos aprender tudo o que Deus tem para nós em Romanos 1; na próxima semana, em Romanos 2; e, na semana seguinte, em Romanos 3". Quando ouvimos a Bíblia dessa forma, descobrimos que a agenda de Deus não se alinha perfeitamente à nossa. Por exemplo, podem existir tópicos em Romanos que um pregador não tem vontade de pregar. Mas lá está o envelope, uma carta de Deus, pedindo para ser aberta.

Afinal, qual agenda realmente queremos: a nossa ou a de Deus? Seus caminhos são mais elevados e melhores (Is 55.9). Devemos receber nossos direcionamentos dele, e não do mundo. Algo especial acontece quando você ouve o Espírito falar por meio da Palavra de Deus nas ocasiões em que, aparentemente, o pregador está apenas retomando de onde parou na semana anterior.

Quando redescobrir a igreja, você provavelmente também irá se deparar com o debate entre sermões gravados e sermões ao vivo e presenciais. Anos atrás, conversei com um pregador especialmente talentoso. Em outra vida, ele teria sido um comediante de stand-up de sucesso. Na verdade, ele estudou comediantes para aprender como interagir com o público enquanto pregava. Ele também entendia os conceitos bíblicos e teológicos com profundidade e podia explicá-los com criatividade para audiências céticas. Sua igreja havia se expandido para vários locais na região e até mesmo no país, transmitindo seus sermões gravados, em vez de apresentar pregadores locais pessoalmente. Nunca esquecerei seu raciocínio. Ele disse que não fazia sentido dar às pessoas um pregador classe B quando elas poderiam ter um pregador classe A como ele. Se seu objetivo era acumular muitos seguidores, eu não poderia discutir com ele.

No entanto, refletindo posteriormente, percebi que seu argumento funcionava até demais. No cenário que sugeriu, ele não estava competindo apenas com seus pastores auxiliares e estagiários. Ele estava competindo contra qualquer outro pregador, vivo ou morto. Por que não reproduzir gravações de um pregador classe A+, como Billy Graham? E se as igrejas contratassem um ator para interpretar os melhores sermões de Charles Spurgeon? Talvez pudéssemos compor uma chave de torneio do tipo usado para eliminatórias de jogos universitários e pedir aos cristãos que votassem, a cada rodada, em seu pregador favorito até que definíssemos um orador supremo. Então ninguém estaria sujeito a um pregador classe B (ou pior) nunca mais. Teríamos apenas o melhor — se isso é o que Deus considera o melhor para nós.

Mas não é. O melhor pregador para você é aquele que é fiel à Palavra de Deus. Melhor ainda se ele estiver disposto a encontrá-lo para um café ou visitá-lo no hospital. Há uma razão por que não somente lemos as Escrituras juntos em cada culto de adoração. A pregação exerce a autoridade da Palavra de Deus, por meio da personalidade mediadora e da experiência de quem ensina, em um contexto contemporâneo com demandas locais e pessoais particulares. O homem que acabei de mencionar pode, na verdade, ser um pregador melhor do que o seu, mas seu pregador conhece melhor sua igreja. E isso conta muito quando se trata de aplicar a Bíblia a você e à sua congregação.

Certamente, os pastores não podem saber todos os detalhes íntimos de cada pessoa em sua audiência. Mas há um motivo por que tiveram dificuldades para pregar para uma câmera durante os isolamentos da COVID-19. Eles oram para sentir o movimento do Espírito em nossas reações à sua pregação em tempo real. Quando eles nos veem face a face, o Espírito traz às suas mentes consolo para nossos infortúnios. Há muitas razões para uma igreja não diminuir as luzes sobre a congregação durante os cultos de adoração, como se fosse um concerto ou cinema. E esta é uma delas: para que os pastores possam responder com sensibilidade ao impulso do Espírito no ato da pregação.

## Tempo e espaço

No fim das contas, pregar não é apenas transmitir informações. Se esse fosse o único objetivo, a pregação já não seria mais o meio mais eficiente de fazê-lo. Poderíamos mudar para vídeos, podcasts ou mesmo apenas livros e acabar com o culto de adoração por completo. No entanto, ouvir o sermão não tem que ver apenas com você e sua caminhada pessoal com Jesus. Também tem que ver com moldar uma cultura celestial e construir uma cidade celestial em sua própria igreja. Tem que ver com construir uma vida juntos.

Duas coisas acontecem com o ensino ao vivo e presencial que não podem ser reproduzidas em um podcast com um pastor que você nunca conhecerá pessoalmente. Em primeiro lugar, a congregação e o pregador, juntos, experimentam a pregação como um evento comunitário no tempo e no espaço. Sim, há valor em aplicar um sermão sozinho em nossas reflexões devocionais. Mas há ainda mais valor em aplicá-lo a todos nós como um povo. Juntos, damos vida ao sermão na forma como tratamos uns aos outros ao longo da semana. Além disso, lembre-se de que o pregador definitivamente não está "acima" de nós. Ele é um de nós e participa conosco em ser moldado, conjuntamente, pela Palavra de Deus como uma nova cidade. O sermão oferece uma visão da Palavra de Deus para um povo em particular em um lugar particular, segundo a aliança que fizeram para obedecer a Deus e amar uns aos outros.

Dito isso, em segundo lugar, o exemplo e a personalidade do pregador dão o tom para toda a congregação. Os pregadores, compreensivelmente, ficam assustados quando percebem de que modo suas igrejas assimilarão as próprias fraquezas e os pontos fortes deles. Quando eu estava no seminário aprendendo como pregar, meu professor disse algumas palavras bastante lúcidas. Ele me disse que, ao longo dos anos, minha congregação provavelmente não se lembraria das palavras que eu disse. Antes, Deus moldaria uma igreja por meio de minhas palavras e do meu exemplo de piedade e integridade ao longo do tempo. O caráter e a mensagem do pregador se fundem, e, pelo poder do Espírito, os ouvintes são transformados por essas palavras, mesmo que nem sempre se lembrem delas. E isso é comum no ensino, não apenas na pregação. Normalmente não nos lembramos de nossos melhores professores apenas por seu conhecimento.

Nós nos lembramos de sua sabedoria juntamente com seu dom para se comunicar e seu amor pessoal por nós.

Portanto, à medida que redescobre a igreja, procure pregadores que o amem o suficiente para saberem tanto cortá-lo quanto costurá-lo conforme necessário, como um bom cirurgião. Procure aqueles que sabem que sua autoridade deriva do Rei dos reis, cujas boas-novas e conselhos eles proclamam. Eles não querem apenas uma parte do seu salário. Eles pretendem servir de exemplo para você e não apenas impressioná-lo com seu aprendizado e carisma.

## Leitura recomendada

Jonathan Leeman, *A igreja centrada na Palavra: como as Escrituras dão vida e crescimento ao povo de Deus* (São Paulo: Vida Nova, 2019).

Jen Wilkin, *Mulheres da Palavra: como estudar a Bíblia com nossa mente e coração* (São José dos Campos: Fiel, 2015).

A igreja é um grupo de cristãos

↓

que se reúne como uma embaixada terrena
do reino celestial de Cristo

↓

para proclamar as boas-novas
e os mandamentos de Cristo, o Rei;

↓

**para afirmar uns aos outros como
seus cidadãos por meio das ordenanças;**

↓

e para evidenciar o amor e a santidade de Deus

↓

por meio de um povo
unificado e diverso

↓

em todo o mundo,

↓

seguindo o ensino e o exemplo dos presbíteros.

# 5
# Fazer parte é realmente necessário?

*Jonathan Leeman*

**Durante a faculdade, passei meio ano em Bruxelas,** na Bélgica. Durante esse tempo, meu passaporte americano expirou. Então, fui até à embaixada dos Estados Unidos no bairro Quartier Royal de Bruxelas. Entrar na embaixada me colocou em solo americano.

A embaixada possui a autoridade do governo dos Estados Unidos. Ela pode dizer ao governo e ao povo da Bélgica: "Isso é o que os Estados Unidos requerem e intentam". Pode dizer de pessoas como eu: "Ele é um dos nossos".

Em pé junto ao balcão, entreguei ao encarregado meu passaporte vencido. Ele me fez algumas perguntas e digitou algumas coisas em seu computador. Em poucos instantes, recebi um novo passaporte afirmando que sou cidadão americano. A embaixada não *faz* de mim um cidadão. Eu sou cidadão de nascimento. Mas ela reconhece e afirma oficialmente minha cidadania. Ela fala pelos Estados Unidos de uma forma que eu não posso falar, mesmo sendo um cidadão americano.

### As igrejas realmente têm autoridade?

Da mesma forma, as igrejas não *fazem* as pessoas serem cristãs. Tornamo-nos cristãos pelo novo nascimento, como falamos no capítulo 2. Mas as igrejas são embaixadas do céu, que Cristo incumbiu de afirmar nossa cidadania celestial. Batistas, presbiterianos e anglicanos podem discordar sobre quem exatamente faz o pronunciamento, se é toda a congregação ou os presbíteros ou o bispo agindo em nome da congregação. Mas todos concordam que Jesus deu essa autoridade às igrejas. Em vez de conceder passaportes, as igrejas batizam e partilham a ceia do Senhor.

Os cristãos hoje nem sempre pensam nas igrejas como possuidoras de uma autoridade dada por Deus. Os pais? Sim. Os governos? Sim. Mas igrejas?

Na verdade, é isso que aprendemos quando Jesus dá as chaves do reino às igrejas em Mateus 16 e 18. Em primeiro lugar, em Mateus 16.13-20, Jesus ensina que as chaves são usadas para afirmar *confissões corretas do evangelho*. Pedro confessa quem é Jesus. Jesus afirmar a resposta de Pedro, promete edificar sua igreja e, então, para esse propósito, dá a Pedro e aos apóstolos "as chaves do reino dos céus" (v. 19). O que essas chaves fazem? Eles ligam e desligam na terra o que está ligado ou desligado no céu. Não falamos mais assim, então você pode não entender o significado. Mas pense nas chaves como sendo a autoridade de uma embaixada para declarar formalmente as leis ou decretos de seu governo.

Em segundo lugar, em Mateus 18.15-20, Jesus ensina que as chaves são usadas para afirmar *verdadeiros confessores do evangelho*. Ele entrega as chaves do reino a uma igreja local como a base para remover da membresia qualquer pessoa cuja vida não corresponda à profissão de fé feita. Pense nisso como a autoridade de uma embaixada para declarar formalmente quem são seus cidadãos.

Para resumir, as igrejas possuem as chaves do reino, que são a autoridade para afirmar em nome do céu *o que* e *quem* do evangelho: O que é uma confissão correta? Quem é um verdadeiro confessor?

> A autoridade das chaves = o direito de declarar em nome de Jesus *o que* e *quem* do evangelho: O que é uma confissão correta? Quem é um verdadeiro confessor?

Outra analogia que pode ser útil para entender a autoridade das chaves de uma igreja é o trabalho de um juiz de tribunal. Um juiz não faz a lei nem torna uma pessoa inocente ou culpada. Mas o juiz possui autoridade em nome do governo para interpretar a lei e, em seguida, proferir uma sentença oficial: "Culpado" ou "Inocente". Assim é com as declarações de uma igreja. Elas são oficiais, representando o reino dos céus na terra.

Às vezes, as igrejas fazem julgamentos errados, assim como embaixadores e embaixadas ou juízes e tribunais. Ainda assim, esse é o trabalho que Jesus dá às igrejas.

## O que são as ordenanças?
## Nossos passaportes celestiais

Como as igrejas proferem esses julgamentos oficiais?

Primeiro, elas fazem isso por meio da pregação, sobre a qual falamos no capítulo anterior. Quando o pregador prega, ele "liga" ou "desliga" as consciências da congregação ao seu entendimento da Palavra de Deus.

Segundo, as igrejas ligam ou desligam por meio de *ordenanças* (aquilo que foi *ordenado* por Jesus).

O batismo vem primeiro. É a porta de entrada para a membresia da igreja. Aqueles que se reúnem em nome de Cristo (Mt 18.20) batizam pessoas em nome dele (Mt 28.19). Por meio do batismo, declaramos: "Estou com Jesus", enquanto a igreja afirma: "Esta pessoa está com Jesus". Ambas as partes têm algo a dizer.

A ceia do Senhor vem em seguida. É a refeição familiar regular para os membros (veja Mt 26.26-29). Ser membro da igreja, em certo sentido, significa simplesmente participação junto à mesa do Senhor, uma vez que a ceia é como reconhecemos uns aos outros como crentes em uma base contínua. Ouça Paulo: "Porque nós, embora muitos, somos unicamente um pão, um só corpo; porque todos participamos do único pão" (1Co 10.17). Participar do único pão mostra que somos um só corpo. Isso nos afirmar como crentes. Novamente, diferentes denominações cristãs discordam sobre o que exatamente o pão da comunhão representa. Mas todos concordam que a ceia do Senhor é uma refeição da igreja, pela qual toda a congregação se afirmar mutuamente como membros do corpo de Cristo.

Com frequência, os cristãos tratam as ordenanças de maneira individualista. Praticamos o batismo e a ceia em casa, no acampamento ou em viagens ao exterior. Ficar em casa por causa da COVID-19, em especial, tentou muitas pessoas a pensarem dessa maneira.

É verdade que o Novo Testamento não restringe absolutamente o batismo aos ambientes da igreja, como visto no caso de Filipe ao batizar o eunuco etíope (At 8.26-40). Uma religião missionária avançando em novos territórios precisa ser capaz de fazer isso. Porém, a prática normal é celebrar essas duas ordenanças no ambiente da igreja reunida sob os cuidados vigilantes da igreja, como quando três mil batizados "foram acrescentados" à igreja de Jerusalém (At 2.41). Da mesma forma, Paulo nos alerta para participar da ceia apenas sob a condição de "discernimos o corpo", ou seja, a igreja (1Co 11.29). Em seguida, ele nos diz para esperarmos uns pelos outros antes de tomá-la (v. 33). Este é um evento da igreja.

Em uma ocasião, quando estava tomando a ceia com a igreja, eu disse aos irmãos ao meu redor: "Enquanto participamos, vamos olhar uns para os outros e depois nos abraçar ao final". Eu queria capturar a natureza comunitária do que estávamos fazendo. Meus amigos reclamaram do meu pedido, mas concordaram. Então nos aproximamos, tomamos a ceia, olhamos uns para os outros e depois nos abraçamos. Foi um pouco estranho, honestamente. Os rapazes riram. Não estou recomendando a prática em si. Mas estou tentando ilustrar este ponto: a ceia do Senhor é uma refeição familiar, não individual.

## O que é ser membro da igreja?

Então o que exatamente *é* um membro de igreja?

Ser membro da igreja é a forma como reconhecemos formalmente e nos comprometemos uns com os outros como crentes. É o que criamos ao afirmamos uns aos outros por meio das ordenanças. Para oferecer uma definição, ser membro da igreja é uma *afirmação* e *supervisão* da igreja acerca da profissão de fé e do discipulado de um cristão, combinada com a *submissão* do cristão à igreja e à sua supervisão. Você pode pensar assim:

**Ser membro da igreja é**

Uma igreja (todos os membros) → afirma a profissão de fé **e** supervisiona o discipulado de → um cristão, que → se submete a →

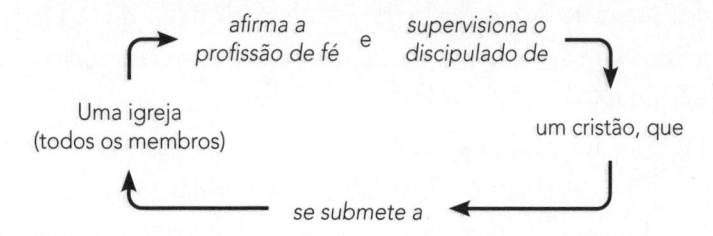

A palavra *submete-se* é assustadora, talvez especialmente quando aplicada à igreja. Contudo, deve ser dita. Quando se torna um membro da igreja, você não está apenas se submetendo aos líderes ou à "instituição" em algum sentido burocrático vago. Você está se submetendo a uma família e a todos os seus membros. É a sua maneira de dizer: "Este é o grupo específico de cristãos que estou convidando para entrar em minha vida e pedindo que me cobre sobre seguir a Jesus. Estou pedindo a essas pessoas que se responsabilizem por minha caminhada cristã. Se estou desanimado, agora é responsabilidade deles me encorajar. Se eu me desviar do caminho estreito, é responsabilidade deles me corrigir. Se estou em dificuldades financeiras, é responsabilidade deles cuidar de mim."

No entanto, esse compromisso é uma via de mão dupla. Ao pedir aos outros membros da igreja que cuidem de você, você também está prometendo cuidar deles. Você agora faz parte da "igreja" no lado esquerdo do esquema acima, que está afirmando e supervisionando outros. Voltaremos a esse ponto em um momento.

O que também deve ser evidente — se você estiver prestando bastante atenção — é que o batismo, a ceia do Senhor e a membresia da igreja andam juntos. Existem exceções, mas geralmente as igrejas batizam as pessoas para serem membros, e a ceia do Senhor é um privilégio dos membros, seja na própria igreja, seja ao visitar outra. Afinal, todas as três coisas trabalham juntas para fazer a mesma coisa: afirmar e distinguir o povo de Deus. Juntas, elas declaram às nações da terra: "Aqui estão os cidadãos do reino dos céus".

## Não é suficiente pertencer à igreja universal de Cristo?

Às vezes, as pessoas gostam de dizer: "Não preciso fazer parte de uma igreja. Já pertenço à igreja universal de Cristo" (A igreja universal é como os teólogos chamam a totalidade do corpo de Cristo em todo o mundo e em toda a história). Isso está correto? Podemos esquecer a igreja local, já que todos nos tornamos membros da igreja universal após a conversão?

A resposta breve é não. É verdade, você *não precisa* fazer parte de uma igreja para ser salvo. Nossa membresia na igreja universal é um dom (Ef 2.11-22), assim como a nossa justificação em Cristo é um dom e a fé é um dom. Não obstante, você *precisa* fazer parte de uma igreja para ser obediente às Escrituras. Assim como nossa fé deve "revestir-se" de boas obras (Cl 3.10, 12; Tg 2.14-16), devemos "revestir-nos" de nossa membresia universal localmente. Nossa membresia na igreja universal não pode permanecer uma ideia abstrata. Se ela é real, se mostrará na Terra — em tempo e espaço reais com pessoas reais com nomes como Bete, José, Sílvia e Luiz. Os lockdowns da pandemia não mudam nada disso.

Se o Espírito está em você, você deseja se comprometer com o corpo de Cristo. Você praticamente não consegue evitar. A membresia genuína na igreja universal cria a membresia na igreja local, o que por sua vez demonstra nossa membresia universal, desta maneira:

Relacionamento entre membresia na igreja local e universal

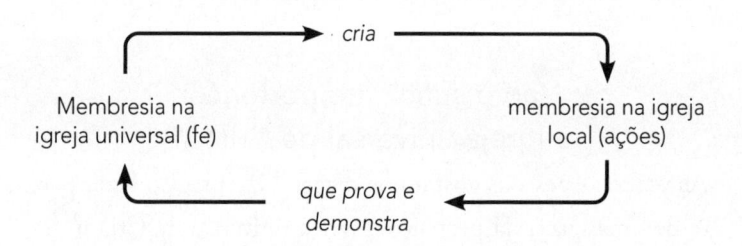

Membresia na igreja universal (fé) → cria → membresia na igreja local (ações) → que prova e demonstra →

Talvez, como nós, você tenha um amigo que tentou viver seu cristianismo fora da igreja, e, pouco a pouco, sua fé murchou ou, em algum momento, desapareceu totalmente. Eu tinha um amigo que incentivei a se tornar membro da minha igreja depois que a frequentou por vários meses. Ele recusou porque não queria prestar contas. Enquanto isso, ele estava se aventurando em um pecado grave. Previsivelmente, sua frequência foi ficando cada vez mais esporádica, até que ele parou de ir de vez. Por fim, ele me disse um dia durante um café: "Jonathan, não sou mais um cristão, ou pelo menos não o seu tipo de cristão".

Ser membro da igreja oferece a segurança do aprisco das ovelhas, em que Cristo é o pastor. Oferece o alimento de estar ligado a um corpo, como um braço a um torso, em que Cristo é a cabeça. Oferece o amor de uma família, em que Cristo é o primogênito de muitos herdeiros. Oferece as obrigações e deveres da cidadania em uma nação santa, em que Cristo é o Rei.

## A membresia da igreja é realmente bíblica?

Outra pergunta que as pessoas fazem é se a membresia da igreja está mesmo na Bíblia. Talvez você mesmo tenha se perguntado isso.

Se tivéssemos apenas o tempo de uma viagem de elevador com você para responder, apontaríamos passagens como Mateus 18.17 e 1Coríntios 5.2, em que Jesus e Paulo falam sobre remover alguém da membresia da igreja, ou o que Paulo diz sobre estar "dentro" da igreja (v. 12). Ou apontaríamos para Atos 2 e o que Lucas diz sobre três mil pessoas sendo "acrescentadas" à igreja em Jerusalém (v. 41); ou para Atos 6 e o que ele diz sobre convocar a igreja (v. 2). Não, o termo "membresia da igreja" não é usado na Bíblia como usamos hoje. Mas a prática está implícita quase todas as vezes que a palavra *igreja* é usada no Novo Testamento, como quando Lucas diz: "oração incessante a Deus por parte da igreja a favor dele" (At 12.5), ou quando Paulo escreve para "às igrejas da Galácia" (Gl 1.2). Embora não usassem todas as ferramentas que podemos usar hoje, como classes de membros, kit de boas-vindas para membros ou nomes listados em uma planilha de computador, eles sabiam quem eram, nome por nome.

No entanto, há uma história maior que é importante que você perceba para compreender os propósitos mais amplos de Deus para igrejas como a sua ou a nossa. Em toda a Bíblia, Deus sempre traça uma linha clara ao redor de seu povo. O jardim do Éden tinha interior e exterior. A arca tinha interior e exterior. O povo de Israel no Egito, colocado em quarentena em Gósen, tinha interior e exterior. Pense nas próprias pragas. Algumas atingiram apenas os egípcios, e não o povo de Deus. Ele disse:

> Naquele dia, separarei a terra de Gósen, em que habita o meu povo, para que nela não haja enxames de moscas, e saibas que eu sou o Senhor no meio desta terra. Farei distinção entre o meu povo e o teu povo; amanhã se dará este sinal. (Ex 8.22, 23)

Moscas! Deus usou moscas para fazer a separação entre quem era seu povo e quem não era! Então Israel viajou para o deserto, e ele lhes deu leis de pureza a fim de traçar uma linha entre o interior e o exterior do acampamento. Pessoas impuras tinham que sair do acampamento. Finalmente, ele os colocou na terra prometida, que tinha interior e exterior.

Deus sempre marcou seu povo para que pudesse colocá-lo em evidência para sua própria glória. Ele quer que essas embaixadas se destaquem. Não surpreende que Paulo use essa linguagem do Antigo Testamento quando diz:

> Não vos ponhais em jugo desigual com os incrédulos; porquanto que sociedade pode haver entre a justiça e a

iniquidade? Ou que comunhão, da luz com as trevas? Que harmonia, entre Cristo e o Maligno? Ou que união, do crente com o incrédulo? Que ligação há entre o santuário de Deus e os ídolos? Porque nós somos santuário do Deus vivente, como ele próprio disse:

> Habitarei e andarei entre eles; serei o seu Deus, e eles serão o meu povo. Por isso, retirai-vos do meio deles, separai-vos, diz o Senhor; não toqueis em coisas impuras; e eu vos receberei, serei vosso Pai, e vós sereis para mim filhos e filhas, diz o Senhor Todo-Poderoso. (2Co 6.14-18)

Quando as pessoas perguntam se a membresia da igreja está na Bíblia, muitas vezes procuram algo programático, como ser membro de uma academia ou clube. E, embora seja uma verdade parcial, isso não está na Bíblia. Vamos remover essas ideias de nossas cabeças. Em vez disso, vamos colocar em nossas cabeças "o templo do Deus vivo", que é a imagem que Paulo usa para descrever quem somos. Esse templo não pode "compartilhar o jugo" ou ter "parceria", "comunhão" ou "acordo" com os incrédulos. Por quê? Porque Deus habita nesse templo. Deus se identifica com ele. Sim, ainda devemos convidar descrentes para nossas reuniões de adoração (1Co 14.24, 25). Mas a questão é que uma igreja deve ser clara sobre quem pertence a ela e quem não pertence, precisamente por causa do testemunho da igreja. Ele quer que tenhamos destaque e sejamos distintos para podermos oferecer um testemunho atraente e convincente para o mundo.

Dessa maneira, a membresia da igreja é uma realidade presumida em quase todas as páginas das epístolas do Novo Testamento, mas a linguagem é diferente. Ser membro da igreja é ser membro de uma família, pois vem com obrigações familiares. É ser membro de um corpo, já que vem com toda a dinâmica de estar conectado a todas as outras partes. Cada metáfora bíblica para a igreja nos ajuda a entender o que é ser membro, e todas elas são necessárias, porque não há nada mais no mundo como a igreja.

## Ser membro é um trabalho

Portanto, vamos voltar mais uma vez à ideia de uma igreja ser uma embaixada ou posto avançado do reino dos céus. Aqui está a última coisa que queremos dizer neste capítulo: a membresia não é apenas um status. É um ofício ou um trabalho — e espera-se que você apareça para trabalhar (Hb 10.24, 25).

Lembra-se de como eu entrei na embaixada dos EUA em Bruxelas, Bélgica, entreguei meu passaporte expirado e recebi um novo? Imagine que, após me dar um novo passaporte, a embaixada me colocasse então para trabalhar na verificação de passaportes. É isso que a membresia da igreja faz: coloca você para trabalhar protegendo, afirmando e declarando *o que* e *quem* do evangelho. Dá a você um ofício.

De onde veio esse ofício? É interessante rastrear a origem desse ofício porque, fazê-lo, ajuda você a ver como toda a Bíblia se encaixa. Pense no mandamento de Deus a Adão, em Gênesis 1, para ser fecundo, multiplicar-se e dominar a terra (v. 28). Ele deveria ser um *rei* (veja também Sl 8). Então, pense na ordem de Deus, em Gênesis 2, para Adão "cultivar e guardar" o jardim (v. 15). Adão também deveria ser um *sacerdote*, ajudando a manter santo o lugar onde Deus habitava. Deus pretendia que Adão fosse um rei-sacerdote.

> *Trabalho de Adão como rei*: sujeitar e dominar um novo território.
> *Trabalho de Adão como sacerdote*: manter santo o jardim, onde Deus habita.

É claro que Adão falhou nesse trabalho. Ele não impediu a serpente de entrar. Noé, Abraão e a nação de Israel também falharam. Cristo então veio e cumpriu perfeitamente o ofício de sacerdote e rei, e então nos atribuiu o trabalho de sermos reis-sacerdotes também: "vós [...] sois [...] sacerdócio real" (cf. 1Pe 2.9).

Eis algo notável: seu trabalho como membro da igreja é o trabalho original de Adão, só que em uma versão da nova aliança dada a você por Cristo. Devemos avançar as fronteiras do jardim como reis e, ao mesmo tempo, cuidar do jardim como sacerdotes.

Como reis, nos esforçamos para fazer discípulos e ser embaixadores da reconciliação. Nosso objetivo é trazer mais corações em sujeição a Deus, mais da terra sob o domínio do evangelho. Pensaremos mais sobre isso no capítulo 8, sobre a Grande Comissão (Mt 28.18-20; 2Co 5.18-20).

> *Nosso trabalho real como membros*: fazer discípulos, aumentando o reino.
> *Nosso trabalho sacerdotal como membros*: manter a nossa santidade, guardando *o que* e *quem* do evangelho, protegendo o reino

Como sacerdotes, nosso trabalho é zelar pelo lugar onde Deus habita, a igreja. Devemos manter o santo separado do profano em nossas vidas individuais e comunitárias, ao participar do *o que* e *quem* do evangelho. Em uma igreja congregacional, isso significa que você ajuda a tomar decisões sobre quem é membro e quem não é. Em todas as igrejas, isso significa que você ajuda seus companheiros a andar em santidade e faz tudo o que puder para garantir que sua igreja permaneça firmada no evangelho (At 17.11). Pensaremos mais a esse respeito no próximo capítulo sobre disciplina na igreja (1Co 3.16, 17; 2Co 6.14–7.1).

A grande lição para você agora é que ser membro de uma igreja não é algo passivo. Não é apenas um status. Não é como ser membro de um clube social privado, de um clube de compras ou de um programa de recompensas. É um ofício no qual você tem que trabalhar. Você precisa ser treinado para o trabalho. Precisa dedicar-se com sua mente e coração. Precisa pensar em como causar um impacto. O que você produzirá esta semana? Você está ajudando toda a equipe a carregar o peso ou está sendo relapso?

Além disso, se o seu trabalho é zelar pelo *o que* e *quem* do evangelho, você precisa estudar e compreender o evangelho. Quais são suas implicações? O que o ameaça? Como ele se relaciona com outras doutrinas da fé, como a Trindade, o pecado ou o fim dos tempos? O que ele significa para o seu trabalho, sua vida civil ou a criação dos filhos? Qual a diferença na vida de alguém entre a verdadeira crença e uma crença nominal e falsa? Você percebe a diferença entre um membro da igreja que tropeça no pecado por ser fraco e um membro que persegue o pecado por ser perverso — um lobo em pele de cordeiro?

Você sabe como responder a ambos os tipos? Você percebe a diferença entre um verdadeiro e um falso mestre?

Além disso, você conhece outros membros de sua igreja e investe sua vida na deles? Você os deixa "atrapalhar sua agenda"? Você os ajuda financeiramente quando estão passando por dificuldades? Ou "fica na sua" praticamente a semana toda, considerando seu envolvimento com a igreja como sendo os noventa minutos de presença no domingo?

Nós passamos anos na escola, e, às vezes, na faculdade, treinando para nossas carreiras. Passamos quarenta horas por semana nos dedicando a elas e estamos sempre aprendendo, treinando e crescendo. Isso é bom. No entanto, como seria ter o mesmo foco deliberado e diligente em nosso trabalho de proteger o povo do evangelho de Deus e estender o domínio do evangelho?

### Um empreendimento sério

Quando alguém quer fazer parte da igreja em que sou pastor, digo algo parecido com o que segue abaixo no final da entrevista para admissão:

> Amigo, ao fazer parte desta igreja, você se tornará corresponsável por esta congregação continuar a proclamar fielmente o evangelho ou não. Isso significa que você será corresponsável pelo que esta igreja ensina e se a vida de seus membros permanece fiel ou não. E um dia você estará diante de Deus e prestará contas de como cumpriu essa responsabilidade. Precisamos de mais mãos para a colheita, então esperamos que você se junte a nós nesse trabalho.

A entrevista de admissão é uma espécie de entrevista de emprego. Jesus perguntou a Pedro quem ele pensava que Jesus era antes de colocá-lo para trabalhar na construção de sua igreja. Devemos fazer o mesmo: ter certeza de que as pessoas sabem quem é Jesus e que trabalho estão assumindo ao fazerem parte da igreja.

## Leitura recomendada

Jonathan Leeman, *Membresia na igreja: como o mundo sabe quem representa Jesus* (São José dos Campos: Fiel, 2016).

Brett McCracken, *Uncomfortable: the awkward and essential challenge of Christian community* (Wheaton, IL: Crossway, 2017).

A igreja é um grupo de cristãos

↓

que se reúne como uma embaixada terrena
do reino celestial de Cristo

↓

para proclamar as boas-novas
e os mandamentos de Cristo, o Rei;

↓

para afirmar uns aos outros como
seus cidadãos por meio das ordenanças;

↓

**e para evidenciar o amor e a santidade de Deus**

↓

por meio de um povo
unificado e diverso

↓

em todo o mundo,

↓

seguindo o ensino e o exemplo dos presbíteros.

# 6
# A disciplina da igreja é realmente amorosa?

*Jonathan Leeman*

**O termo "disciplina da igreja" pode assustar você.** "As igrejas realmente disciplinam?", você se pergunta. "E é possível a disciplina ser amorosa?"

A disciplina na igreja é, de fato, uma parte essencial do discipulado cristão. Note como *discípulo* e *disciplina* são palavras relacionadas. Se o discipulado envolve ensino e correção, as pessoas normalmente usam a palavra "disciplina" para se referir à metade corretiva. Tanto a instrução quanto a correção são necessárias para o crescimento. Qual seria o crescimento dos alunos com um professor de matemática que explicasse a lição, mas nunca corrigisse seus erros? Ou um instrutor de futebol que demonstrasse como cobrar um pênalti, mas não falasse nada se seus alunos continuassem errando?

Da mesma forma, fazer discípulos cristãos envolve ensino e correção, e as pessoas usam o termo "disciplina eclesiástica" para se referir à segunda parte: *corrigir o pecado*. O processo de disciplina começa com advertências particulares, como quando uma amiga sentou-se comigo em um banco no corredor da igreja e disse: "Você às vezes é muito egoísta", e então listou vários exemplos concretos. Não foi fácil ouvir, mas minha amiga estava certa e me ajudou a crescer falando francamente. O processo termina quando a pessoa se arrepende ou, se necessário, quando a igreja remove a pessoa não arrependida da membresia da igreja e da participação na ceia do Senhor.

As pessoas também usam o termo "disciplina eclesiástica" para se referir mais estritamente a apenas esse último passo, como quando dizem: "Nós disciplinamos o José na igreja". Elas querem dizer que removeram José da membresia da igreja e da participação na ceia. Elas também podem usar a palavra excomunhão (pense em "ex-comunhão") para se referir a essa etapa final.

A disciplina da igreja nesse último estágio é o outro lado da membresia da igreja. Lembre-se do capítulo anterior: ser membro envolve *afirmar* uma profissão de fé. A disciplina, em sua fase final, significa *remover* aquela afirmação por causa de um pecado que é (1) impenitente, (2) verificável e (3) significativo. Uma igreja não está declarando com toda certeza que alguém é um não cristão quando remove a pessoa da membresia. As igrejas não têm a visão de raio-X do Espírito Santo para ver o coração de alguém. Antes, a igreja está dizendo: "Não estamos mais dispostos a afirmar publicamente sua profissão de fé. Aquele pecado específico em sua vida, que você se recusa a abandonar (critério 1) e sobre o qual os fatos são inequívocos (critério 2), é significativo o suficiente (critério 3) para minar a credibilidade de sua profissão de fé".

Quando significativo é significativo? Certamente é necessário um julgamento caso a caso, mas o parâmetro é que alguns pecados não arrependidos tornam uma profissão de fé não confiável ou desacreditada, enquanto outros não. Uma igreja provavelmente não deveria excomungar um marido que egoisticamente come todo o sorvete da casa, apesar das ternas reclamações de sua esposa — um exemplo *puramente* hipotético, com certeza. No entanto, deveria excomungar o marido que abandona a esposa.

Normalmente, alguém excluído de uma igreja deve permanecer livre para comparecer às reuniões públicas da congregação (a menos que ameaças físicas, civis ou de outros tipos estejam em questão). Mas a pessoa não é mais considerada um membro. Ela não deve mais tomar a ceia do Senhor. As conversas no corredor após o culto, se houver, não devem ser casuais e descontraídas. Devem ser marcadas por seriedade e fervorosos apelos ao arrependimento.

A disciplina da igreja, à semelhança de uma nota baixa em uma sala de aula, não tem que ver com punição ou retribuição. O objetivo da disciplina, como uma reprovação por nota, é levar as pessoas ao arrependimento. Como diz Paulo: "entregue a Satanás para a destruição da carne, a fim de que o espírito seja salvo no Dia do Senhor [Jesus]" (1Co 5.5).

No entanto, além de fazer bem para o indivíduo em pecado, a disciplina eclesiástica faz bem para a igreja como um todo, especialmente para aqueles que são mais suscetíveis a serem manipulados por outros. Nos últimos anos, algumas pessoas abandonaram as igrejas por causa do descaso de suas congregações com relação aos abusos. Apenas tome cuidado para não descartar a disciplina só porque ela foi malfeita em algum lugar. Em vez disso, ajude sua congregação a se mover em direção a uma visão bíblica da igreja, em que é mais difícil que o abuso permaneça oculto e os membros vulneráveis consideram a comunhão da congregação o lugar mais seguro de todos. Essa visão bíblica inclui uma cultura de discipulado e disciplina, onde os membros vivem de forma aberta e transparente, sabendo que podem confessar pecados desde o início, quando esses pecados são relativamente "pequenos" — antes que as rachaduras morais se tornem abismos. Uma igreja assim também tem um processo familiar e aberto para lidar com os pecados "maiores" quando eles acontecem, incluindo o anúncio público e a exclusão.

### Amor no entendimento do mundo

Esse é um rápido resumo da disciplina da igreja. Queremos agora usar o restante deste capítulo para situar a disciplina da igreja em uma conversa mais ampla sobre o amor. A disciplina é difícil para nós hoje porque não nos parece amorosa.

Minha primeira experiência com a disciplina eclesiástica foi no final da década de 1990, quando eu era solteiro. Eu estava almoçando com um bom amigo e companheiro de corrida. Estávamos discutindo minha vida amorosa. Então lhe perguntei sobre seus próprios passatempos, e ele admitiu estar em um estilo de vida pecaminoso. Quando perguntei se sabia o que a Bíblia ensinava, ele disse que sim. Porém, ele estava convencido de que a Bíblia estava errada e se recusou a mudar de ideia. Poucos dias depois, trouxe outro bom amigo para confrontá-lo novamente, mas alcançamos o mesmo resultado. Por fim, os presbíteros da igreja se envolveram. Eles receberam a mesma resposta. Enfim, os presbíteros apresentaram o caso à igreja. A igreja deu ao meu amigo mais dois meses para se arrepender.

Ele não o fez. E, então, a igreja decidiu removê-lo da membresia como um ato de disciplina. Seu pecado atendeu a todos os três critérios: ele era *impenitente*; o pecado era *verificável*, significando que todos concordavam com os fatos; e era *significativo* o suficiente para minar a credibilidade de sua profissão de fé.

Ao longo desses meses, às vezes me perguntava se estávamos sendo amorosos. Cumprir a disciplina da igreja nem sempre *parece* amoroso. Instintos culturais sussurravam em meus ouvidos que não era amoroso.

Nosso mundo entende o amor como o fogo que você sente quando encontra a pessoa projetada para você pelo universo ou por Deus. Ele "acontece" quando você descobre a pessoa que o "completa". Amor também é permitir que outra pessoa busque seu próprio fogo, não importa o que seja.

Encontrar o amor, portanto, depende de se conhecer, se expressar, se atualizar. Se o amor exige que você rejeite seus pais, sua classe, a igreja, as visões tradicionais de moralidade e até mesmo a sociedade como um todo, que assim seja. O amor requer que você faça o que é certo para você.

O amor nunca julga, dizemos. O amor liberta as pessoas. É o trunfo final, o argumento para acabar com todos os argumentos, a justificativa final para fazer o que você mais deseja fazer. "Mas eu amo isso..." "Se eles realmente se amam, então é claro que devemos aceitar..." "Se Deus é amoroso, certamente ele não faria..."

O amor, ou pelo menos nossa definição dele, é a única lei inegociável. O mundo não acredita que Deus é amor, mas que o amor é deus.

Infelizmente, não é apenas a cultura "lá fora" que define o amor dessa forma. Muito frequentemente, os cristãos sucumbem a essa compreensão do amor.

Para ajudá-lo a redescobrir a igreja, queremos persuadi-lo acerca de outras três noções neste capítulo. Primeiro, a disciplina da igreja é bíblica. Segundo, ela é amorosa. Embora uma igreja possa não praticar a disciplina de maneira amorosa, a prática estabelecida por Jesus certamente é amorosa. Terceiro, e a mais notável de todas, ela nos ensina sobre o santo amor de Deus.

Concluiremos pensando na prática sobre o que tudo isso significa para você.

## A disciplina é realmente bíblica?

Primeiro, a disciplina eclesiástica está realmente na Bíblia? Sim.

*Mateus 18.* Jesus levanta o assunto em Mateus 18 enquanto ensina sobre como um bom pastor deixará as noventa e nove ovelhas do rebanho para buscar a perdida (v. 10-14). Como buscamos aquele que está perdido? Jesus responde:

> Se teu irmão pecar [contra ti], vai argui-lo entre ti e ele só. Se ele te ouvir, ganhaste a teu irmão. Se, porém, não te ouvir, toma ainda contigo uma ou duas pessoas, para que, pelo depoimento de duas ou três testemunhas, toda palavra se estabeleça. E, se ele não os atender, dize-o à igreja; e, se recusar ouvir também a igreja, considera-o como gentio e publicano. (v. 15-17)

Observe que Jesus deseja manter o assunto o mais restrito possível. Mas ele também está disposto a levar o assunto a toda a igreja. Todos nós compartilhamos essa afirmação mútua porque compartilhamos um nome de família. Somos responsáveis uns pelos outros, como diferentes partes do corpo.

Observe também que Jesus acredita em um devido processo. A questão deve ser estabelecida por duas ou três testemunhas, como em um tribunal do Antigo Testamento (Dt 19.15). Ele não quer que falsas acusações ou a justiça das massas governem a igreja. Ele não quer que os pastores deem sua interpretação do caráter das pessoas: "Ele é orgulhoso". Em vez disso, o pecado deve ser verificável, os fatos indiscutíveis.

1Coríntios 5. Paulo ensina a mesma coisa em 1Coríntios 5. Ele confronta a igreja de Corinto sobre um membro que está dormindo com a esposa de seu pai (v. 1). A igreja já sabe da situação, mas por algum motivo está orgulhosa. Talvez eles pensassem que estavam sendo amorosos e tolerantes. Seja qual for o caso, Paulo diz que eles não deveriam se orgulhar; antes, "que fosse tirado do vosso meio" o homem que fez isso (v. 2).

O que concluímos do fato de que o processo de Paulo é muito mais rápido do que o de Jesus? Não existe um modelo único para a disciplina na igreja. Cada um deve ser tratado com cuidado e sabedoria, com atenção dada aos fatos particulares do caso e a quaisquer detalhes contextuais relevantes. Não basta que a igreja seja amorosa; deve também ser sábia.

A passagem de 1Coríntios 5 também nos ajuda a ver o propósito da disciplina. Primeiro, a disciplina expõe o pecado (veja v. 2), que, como um câncer, adora se disfarçar.

Segundo, a disciplina avisa sobre um julgamento maior por vir (v. 5).

Terceiro, a disciplina resgata. É o último recurso da igreja quando todos os outros avisos são ignorados (v. 5).

Quarto, a disciplina protege outros membros da igreja. Assim como o câncer se espalha de uma célula para outra, o pecado se espalha rapidamente de uma pessoa para outra (v. 6).

Quinto, a disciplina preserva o testemunho da igreja quando esta começa a seguir os caminhos do mundo (veja v. 1). Afinal, as igrejas devem ser sal e luz. "Ora, se o sal vier a ser insípido", disse Jesus, "como lhe restaurar o sabor? Para nada mais presta senão para, lançado fora, ser pisado pelos homens" (Mt 5.13).

## A disciplina da igreja nos ensina sobre o amor de Deus

Podemos estar convencidos em nossas mentes de que Jesus nos deu a disciplina na igreja, mas ainda termos medo de seguir seus ensinamentos porque outros instintos nos dizem que a disciplina não é amorosa. É quase como se pensássemos que somos mais amorosos do que Jesus.

Precisamos reformular esses instintos. Então, vamos perguntar: A disciplina na igreja é realmente amorosa?

Claramente, as Escrituras conectam disciplina e amor: "porque o Senhor corrige a quem ama" (Hb 12.6). Deus não considera o amor e a disciplina como sendo conflitantes, mas ensina que o amor motiva a disciplina.

O autor de Hebreus descreve a disciplina como sendo amorosa porque nos ajuda a crescer em santidade, justiça e paz: "Deus nos disciplina para o nosso bem, para que participemos da sua santidade. Nenhuma disciplina parece ser motivo de alegria no momento, mas sim de tristeza. Mais tarde, porém, produz uma colheita de justiça e paz para aqueles que por ela foram exercitados" (Hb 12.10, 11, NVI).

A frase "colheita de justiça e paz" nos faz pensar em campos de trigo dourados. Não soa como uma bela imagem?

Na verdade, a Bíblia diz várias coisas que não combinam com a visão de nossa cultura de que *amor é igual à autoexpressão*. Diz que o amor não se alegra com a injustiça, mas regozija-se com a verdade (1Co 13.6). Ela descreve o amor como um parceiro da verdade (2Jo 1-3). Você pode dizer que ama; apesar disso, se não anda de acordo com a verdade, mas se deleita com o que Deus chama de mal, aparentemente você não é tão amoroso quanto pensa que é.

O próprio Jesus vincula o amor à obediência aos mandamentos de Deus. Ele diz de si mesmo: "assim procedo para que o mundo saiba que eu amo o Pai e que faço como o Pai me ordenou" (Jo 14.31). Ele diz o mesmo a nosso respeito: "Aquele que tem os meus mandamentos e os guarda, esse é o que me ama" (v. 21). Ele até mesmo nos diz que, se guardamos seus mandamentos, permanecemos em seu amor (15.10). E João diz que, se guardarmos a Palavra de Deus, o seu amor será aperfeiçoado em nós (1Jo 2.5).

Com base em passagens como essas, parece que a maioria de nós precisa de uma reorientação radical em nosso entendimento do amor. Na Bíblia, o amor (como a fé) leva à obediência, e a obediência é um sinal de amor (e fé), como é mostrado aqui:

amor bíblico → leva a → obediência, que é um sinal de → (amor bíblico)

Pense na lição bíblica de que "Deus é amor" (1Jo 4.16). Quando as pessoas que dizem amar a Deus se afastam de Deus, nós as amamos mais ao corrigi-las, dizendo: "Não, não, não. Deus é amor. Então, se quer amor, você deve voltar para Deus". Aqueles que se opõem e desobedecem a Deus estão fugindo do amor. Eles estão escolhendo algo diferente do amor, mesmo que chamem isso de amor.

Se Deus é amor, amamos as pessoas ao compartilhar o evangelho com elas para que possam conhecer a Deus.

Se Deus é amor, amamos as pessoas ensinando-lhes tudo o que Deus ordena para que possam espelhar a imagem de Deus.

Se Deus é amor, amamos as pessoas corrigindo-as quando se afastam de Deus.

Se Deus é amor, amamos as pessoas até mesmo removendo-as da membresia da igreja quando insistem em seus próprios desejos mais do que nos de Deus, porque a única esperança de vida e amor delas é reconhecer que estão se excluindo de Deus.

Fundamentalmente, então, as igrejas devem praticar a disciplina eclesiástica por amor:

- amor pelo pecador, para que chegue ao arrependimento;
- amor pelos outros membros da igreja, para que não sejam desviados;
- amor pelo próximo não cristão, para que não veja mais mundanismo na igreja;
- amor por Cristo, para que possamos representar seu nome corretamente.

## O amor santo de Deus

Há algo específico sobre o amor de Deus que a disciplina da igreja nos ensina, e muitas vezes não consta nas definições: o amor de Deus é santo. Você não pode ter o amor de Deus de forma independente de sua santidade. Seu amor serve a seus propósitos santos, e seus propósitos santos são amorosos. Às vezes, as pessoas contrapõem as chamadas "igrejas santas" às "igrejas amorosas". Isso é impossível. A igreja deve ser as duas coisas ou não será nenhuma delas.

A relação entre amor e santidade também nos ajuda a entender o tema bíblico recorrente de exclusão e exílio. Passagens como Mateus 18 e 1Coríntios 5 não nos oferecem imagens de Deus fazendo algo novo ou diferente. Elas nos apresentam um rápido vislumbre do que Deus sempre fez. Ele sempre removeu o pecado de sua presença. Deus excluiu Adão e Eva do jardim quando pecaram. Ele excluiu o mundo caído da arca de Noé. Ele excluiu os cananeus da terra prometida e, por fim, excluiu seu próprio povo da terra também. Todas as leis para o Tabernáculo também funcionavam para excluir coisas que eram impuras e profanas. E, no último dia, Deus promete excluir todos cuja fé não repousa na obra consumada da vida encarnada de Cristo, da sua morte substitutiva e da sua ressurreição que vence a morte.

No entanto, há um outro lado. Precisamente quando exclui o pecado e os pecadores, Deus simultaneamente atrai as pessoas a si mesmo com o propósito de reconstituí-las à sua imagem para que demonstrem seu amor santo às nações e esta palavra se cumpra: "a terra se encherá do conhecimento da glória do Senhor, como as águas cobrem o mar" (Hc 2.14). Como a terra ficará assim cheia? Pense no mandamento de

Deus para Adão e Eva para que enchessem a terra: os portadores de sua imagem, nascidos de novo pelo Espírito, cumprirão o mandato original e mostrarão sua imagem amorosa, santa e justa em todos os lugares.

Nossas congregações, como alfinetes espalhados por um mapa, são o início disso. Elas são as embaixadas do amor santo e glorioso de Deus. O exato propósito de Deus para a igreja, Paulo nos diz, é que "pela igreja, a multiforme sabedoria de Deus se torne conhecida, agora, dos principados e potestades nos lugares celestiais" (Ef 3.10). Com esse objetivo, Paulo ora para que tenhamos o poder de "compreender, com todos os santos, qual é a largura, e o comprimento, e a altura, e a profundidade e conhecer o amor de Cristo, que excede todo entendimento" (v. 18, 19). Demonstrar a sabedoria e a glória de Deus significa conhecer e experimentar o amor de Cristo: sua largura, seu comprimento, sua altura e sua profundidade.

## O que isso significa para você

Ainda há mais a aprender sobre a disciplina na igreja. Quando ocorre a restauração? (Quando há arrependimento.) Como uma igreja pratica a disciplina? (Envolvendo o mínimo de pessoas possível, dando aos indivíduos o benefício da dúvida, deixando os líderes da igreja guiarem o processo, e, em última instância, envolvendo toda a igreja, dentre outras medidas.) Só queríamos que você tivesse um aperitivo do assunto.

Em última análise, a disciplina eclesiástica é difícil, mas amorosa. Ela protege as pessoas do autoengano. Certa vez, minha esposa e eu tivemos que confrontar uma amiga nossa por uma decisão pecaminosa que ela estava tomando no local de trabalho. Ela rejeitou nossa correção. Envolvemos mais dois amigos, e, depois, mais dois. A cada vez, ela rejeitava nosso amor. Em vários momentos desse processo, que durou algumas semanas, tive problemas de estômago e não consegui dormir, e nenhuma dessas coisas é normal para mim. Mesmo assim, seguimos em frente porque cremos que Deus é mais amoroso e sábio do que nós e que podemos confiar em sua Palavra. Maravilhosamente, essa mulher, por fim, retornou para nós e disse que havia renunciado à decisão pecaminosa no trabalho. Louvado seja Deus! Foi difícil, mas valeu a pena.

No entanto, além de proteger as pessoas do autoengano, a disciplina da igreja também protege os vulneráveis daqueles que podem atacá-los. Talvez você tenha ouvido falar do movimento #MeToo [#EuTambém], o qual surgiu na internet em 2018 dando voz às vítimas de abuso sexual. Logo surgiu também o #ChurchToo [#IgrejaTambém]. Mais e mais vozes começaram a cobrar que as igrejas abordassem sua própria negligência pecaminosa. Se o abuso é terrível, uma igreja que o ignora é pelo menos tão ruim quanto, precisamente porque Deus comissionou as igrejas para serem lugares de reparação, cura e restauração para todas as injustiças que o mundo joga sobre nós, incluindo abuso e agressão. Essa cobrança, sem dúvida, foi salutar e boa para as igrejas. Felizmente, muitas igrejas têm um histórico de lidar fielmente com esses assuntos de forma decisiva e rápida. Outras não têm. Elas permanecem mal preparadas, mal treinadas e lentas para responder. Ou pior, se recusam a reconhecer o problema. De qualquer forma, para avançar, a solução não é abandonar as igrejas. É ter certeza de que nossas igrejas estão abrindo a Bíblia e lançando mão da exata ferramenta que Deus mesmo providenciou para (na melhor das hipóteses) prevenir ou (na pior) orientar uma resposta ao abuso: uma cultura de discipulado e disciplina. Em princípio, uma igreja que pratica a disciplina de maneira humilde, amorosa e responsável nunca deve precisar de um movimento #MeToo ou #ChurchToo.

Qual é a lição de tudo isso para você? Certifique-se de que está construindo relacionamentos com outros membros da igreja para que se conheçam mutuamente. A confiança cresce em um ambiente de humildade e honestidade conversacionais. Trabalhe para ser o tipo de pessoa fácil de corrigir. Se não for, seus amigos e familiares logo aprenderão que corrigi-lo é um exercício fútil e até perigoso, e, por isso, desistirão de fazê-lo. Como isso deixará você desprotegido!

Convide pessoas para conhecer você. Solicite avaliações críticas. Confesse o pecado. Corra o risco de constrangimento. Incentive outros em sua caminhada com Cristo. Esteja disposto a ter aquelas conversas desconfortáveis nas quais o pecado é desafiado com ternura e delicadeza. Normalmente, isso significa começar com perguntas, e não acusações, para ter certeza de que o entendimento está correto.

Tudo isso não é apenas trabalho dos pastores, mas de todos os membros. Quando você e os outros membros de sua igreja vivem dessa maneira, a maior parte das ocorrências de disciplina em uma igreja nunca irá além de duas ou três pessoas. Os presbíteros nem ouvirão falar disso. O corpo funcionará como deveria, ou seja, cada parte edificando-o em amor (Ef 4.15, 16). E, aos poucos, de um grau de glória a outro, sua congregação se tornará uma embaixada que exibe o santo amor de Deus.

## Leitura recomendada

Jonathan Leeman, *Entendendo a disciplina na igreja* (São José dos Campos: Fiel, 2020).

Jonathan Leeman, *A regra do amor: como a igreja local deve refletir o amor e a autoridade de Deus* (São José dos Campos: Fiel, 2019).

A igreja é um grupo de cristãos

↓

que se reúne como uma embaixada terrena
do reino celestial de Cristo

↓

para proclamar as boas-novas
e os mandamentos de Cristo, o Rei;

↓

para afirmar uns aos outros como
seus cidadãos por meio das ordenanças;

↓

e para evidenciar o amor e a santidade de Deus

↓

**por meio de um povo
unificado e diverso**

↓

em todo o mundo,

↓

seguindo o ensino e o exemplo dos presbíteros.

# 7
# Como amar membros que são diferentes?

*Collin Hansen*

**Imagine que seu objetivo é construir uma igreja** o mais rápido possível. Seu objetivo principal é o crescimento numérico. Você quer atrair pessoas. Qual é a sua estratégia?

Você provavelmente começaria pelo ensino, certo? Hoje em dia, você pode conquistar seguidores globais por meio de livros, podcasts e vídeos. Você pode até concluir que a igreja online ou virtual é a melhor maneira de aumentar rapidamente seus números. Construir em torno de uma personalidade de ensino dinâmico é provavelmente a maneira mais rápida de fazer uma igreja crescer.

Entretanto, não é a única maneira. Considere a música. Muitas igrejas ainda estão presas ao passado com sua chamada experiência de adoração. Então, você decide que sua igreja tocará apenas as músicas mais recentes e inovadoras. Você contratará uma equipe de músicos jovens e até os incentivará a gravar suas músicas para lançamento digital. Dessa maneira, sua igreja pode gerar um grupo de fãs online que, com sorte, aumentará a reputação de inovação e crescimento de sua igreja.

E a comunidade? As pessoas dizem que querem música e ensino, mas o que realmente precisam é de amigos. Isso não é fácil de viabilizar quando todos estão tão ocupados com trabalho e viagens. Ainda assim, pequenos grupos parecem ser a maneira mais eficaz de ajudar as pessoas a se conhecerem. Mas como você os organizará? Você pode reunir pessoas de acordo com a localidade. Alguns grupos de amigos preexistentes podem ser acomodados. Provavelmente, a melhor abordagem, entretanto, é organizar por fase da vida ou interesses. Junte todos os pais de primeira viagem. Coloque todos os solteiros juntos em um grupo e os pais de filhos já casados em outro. Crie um grupo para pessoas que gostam de andar de motocicleta. Comece outro para bordadeiras. As possibilidades são infinitas. Em algum momento, as pessoas serão atraídas para a sua igreja pela variedade de programas que você oferece. Você terá o melhor ministério para jovens da cidade, por isso os pais mudarão de igreja. Comece um culto sábado à noite para que os homens que gostam de futebol tenham seus domingos livres. Quanto mais maneiras as pessoas tiverem para participar de sua igreja sem a necessidade de mudar seu estilo de vida, mais facilmente ela crescerá.

Esse exercício lhe dá um vislumbre de como muitos líderes de igreja pensam hoje. Começamos com a meta declarada de crescimento numérico. Mas você percebeu o pressuposto por trás de todas essas estratégias? As pessoas gostam de estar perto de pessoas parecidas consigo mesmas. Elas se sentem confortáveis em padrões familiares e previsíveis.

Elas querem estar com pessoas que gostam do mesmo estilo de ensino, têm as mesmas preferências musicais e fazem as mesmas perguntas sobre casamento, paternidade ou namoro — e, muitas vezes, que têm a mesma cor de pele. A maneira mais rápida e eficiente de construir uma grande igreja é identificar um segmento da população que compartilha um conjunto de interesses e atendê-lo na forma que você ensina, canta e promove amizades. Essa não é uma tendência nova, e sim algo simplesmente presumido em grande parte da história da igreja.

É por isso que precisamos redescobrir a igreja como a comunhão dos diferentes. A congregação local é onde Jesus nos ensina a amar todos os tipos de pessoas, até mesmo nossos inimigos — uma tribo e outra, uma raça e outra, uma nação e outra. E como o sol da manhã aparecendo no horizonte, assim o cumprimento da profecia do Antigo Testamento deve começar em nossa comunhão:

> Ele julgará entre os povos e corrigirá muitas nações; estas converterão as suas espadas em relhas de arados e suas lanças, em podadeiras; uma nação não levantará a espada contra outra nação, nem aprenderão mais a guerra. (Is 2.4)

Portanto, olhe para confraternização após o culto; olhe ao redor na visita do pequeno grupo na quarta-feira à noite à casa de repouso; olhe ao redor do grupo de oração masculino de sexta-feira de manhã; e pergunte o que você está vendo. É o amor compartilhado entre uma diversidade unificada de pessoas?

## Igreja para pecadores

De uma perspectiva superficial, os doze discípulos de Jesus parecem basicamente os mesmos: homens judeus. Vários deles trabalharam como pescadores antes de Jesus chamá-los para segui-lo. Sobre os outros, nunca nos é informada a vocação. Mas sabemos que Jesus chamou Mateus quando ele estava sentado em uma coletoria de impostos (Mt 9.9). Podemos não dar muita importância a esse detalhe, mas Mateus sabia que era importante para seus leitores judeus. Por quê? Porque eles odiavam coletores de impostos — não da maneira que as pessoas podem se irritar com a Receita Federal hoje, mas muito pior. Os coletores de impostos judeus trabalhavam para uma odiada força de ocupação. O dinheiro coletado por eles alimentava e abastecia os próprios soldados romanos que os governavam com eficiência brutal. Por chamar Mateus, Jesus irritou os fariseus: "Por que come o vosso Mestre com os publicanos e pecadores?", perguntaram aos discípulos de Jesus. Jesus ouviu a pergunta deles e respondeu: "Os sãos não precisam de médico, e sim os doentes. Ide, porém, e aprendei o que significa: Misericórdia quero e não holocaustos; pois não vim chamar justos, e sim pecadores" (Mt 9.11-13).

Muitos hoje, tanto dentro quanto fora da igreja, partilham da confusão dos fariseus. A igreja não é para pessoas com a visão política certa? A igreja não é para pessoas bem-sucedidas? A igreja não é para pessoas que se parecem, pensam e falam como eu?

Para um visitante que não está familiarizado com a igreja, todos os outros podem parecer muito felizes, bem-sucedidos, unidos. E às vezes essa é exatamente a impressão que a igreja quer passar.

Mas não é o que Jesus pretendia. Só os doentes vão ao médico. E só os pecadores vão à igreja. Os fariseus pensavam que eram justos sem Jesus. Eles não precisavam dele. Mesmo assim, Mateus e os outros pecadores sabiam que precisavam de Jesus. Eles estavam envergonhados de seu passado, cheios de culpa pelo que tinham feito e pelo que deveriam ter feito. Seu amor era diferente de tudo o que eles experimentaram antes. Outrora, eles eram rejeitados. Agora, foram trazidos para perto do Filho de Deus! Eles não podiam viver sem ele.

Esses cobradores de impostos e pecadores não teriam uma comunhão entre si sem Jesus. Eles não tinham muito em comum, exceto a rejeição dos fariseus. Mas Jesus reuniu pessoas que não seriam amigos naturais ou aliados. Para o mesmo grupo de doze discípulos, Jesus também chamou um homem chamado Simão, que todos conheciam como o Zelote (At 1.13). O partido dos zelotes trabalhava para derrubar violentamente a ocupação romana. Eles se ressentiam dos fariseus por não fazerem o suficiente para expulsar os estrangeiros. Entretanto, eles odiavam mesmo os colaboradores, isto é, homens como Mateus, o cobrador de impostos.

Você pode imaginar as conversas constrangedoras entre Simão e Mateus. Mesmo assim, Jesus chamou os dois. Ele amava os dois. Ele dedicou anos de sua vida ensinando a ambos sobre o reino de Deus que transcende todas as divisões terrenas.

### Comunidade negativa

A razão pela qual precisamos redescobrir a igreja como uma comunidade de diferentes é porque caímos muito facilmente nas ideias do mundo sobre comunidade. O mundo nos dá duas opções. Uma perspectiva nos pede para celebrar a diversidade priorizando as diferenças de etnia, nacionalidade, gênero e, cada vez mais, orientação sexual. Essa perspectiva nos treina para nos sentirmos bem e confortáveis quando essas várias identidades são incluídas em nossa comunidade. Uma sala cheia de rostos da mesma cor parece algo errado, até mesmo imoral.

Uma segunda perspectiva nos pede para celebrar a uniformidade. Em grande parte do mundo, você não pode — ou pelo menos não deve — misturar diferentes etnias. Você pode viver em um território remoto com apenas uma classe econômica ou etnia. Ou em um país que pratica um sistema de castas, que separa as pessoas antes de nascerem, sem possibilidade de mudança de posição. Ou em um sistema político que exige obediência ao Estado em todas as coisas, inclusive na religião. A uniformidade é considerada o valor mais alto. Uma sala em que as pessoas discordam umas das outras sobre política ou sobre sua visão de mundo parece algo errado, até mesmo imoral.

A princípio, essas duas perspectivas — diversidade e uniformidade — talvez pareçam pressionar em direções opostas. Mas essas diferenças obscurecem as semelhanças subjacentes. Ambas as perspectivas criam comunidade por meio da exclusão. Isso é mais óbvio na perspectiva da uniformidade. Se você apoia o candidato errado, não vai à igreja certa ou se associa a pessoas da casta errada, é excluído da comunidade. A mesma coisa acontece, porém, no esforço em direção à diversidade. Apenas um certo tipo de diversidade é permitido. Você pode ser de uma etnia diferente, mas não pode discordar sobre a ética sexual. Você pode se orgulhar de vir de outro país, mas não pode apoiar o partido político errado. Você pode ser celebrado pelo seu gênero, mas não por insistir nas diferenças biológicas entre os gêneros.

Quaisquer que sejam suas pretensões, ambas as perspectivas criam comunidade por meio da exclusão. São como fraternidades ou irmandades, só para convidados, que constroem uma comunidade por meio da criação de um clube exclusivo. Você só pode entrar com permissão. Isso vale para um clube social privado ou um condomínio fechado que filtra pessoas indesejáveis por nível de renda. Ou para uma marcha de protesto que não tolere nenhuma discordância interna. Ou para um programa acadêmico que impede a investigação livre e a dissidência ideológica. Você está dentro porque outros estão fora.

## Como ser notado pelo mundo

Nossas igrejas às vezes assumem essa postura, seja valorizando a uniformidade, seja a diversidade, porque isso é o que entendemos por comunidade. Não sabemos como ter uma igreja onde as pessoas possam discordar sobre política porque tentamos não nos associar com ninguém que nos incomode. Não sabemos como construir uma igreja multiétnica porque não vivemos vidas multiétnicas. Não sabemos como incluir diferentes classes econômicas porque elas não são encontradas em nossos bairros. Não sabemos como priorizar nossa unidade compartilhada em Cristo porque estamos acostumados a observar nossas diferenças físicas.

Quando uma igreja segue esses padrões do mundo, ela não é notada pelo mundo. Por quê? Porque os membros não precisam da igreja para esse tipo de comunidade. Você pode participar de uma marcha de protesto ou de um partido político se quiser compartilhar zelo ideológico. Você pode entrar para uma equipe esportiva ou uma comunidade de jogos se precisar de amigos para passar o tempo. Você pode se juntar aos velhos amigos na padaria da esquina se quiser reclamar do tempo e de suas dores e sofrimentos. A igreja que é notada pelo mundo reúne pessoas que normalmente não se juntam — os cobradores de impostos e zelotes, pecadores e fariseus. Foi isso que tornou a igreja primitiva tão estranha que alguns disseram que ela estava virando o mundo de cabeça para baixo (cf. At 17.6).

No mundo antigo, a religião estava ligada a outras identidades, em especial às políticas das pessoas e às etnias ou às tribos. Quando iam à guerra, eles lutavam contra povos com diferentes deuses locais e diferentes governantes. Os romanos conquistaram grupos menores como esses em todo o mundo conhecido. Os judeus eram estranhos para eles por insistirem em um Deus em vez de muitos. Apesar disso, os romanos só interromperam a adoração a esse Deus em seu templo quando os judeus se revoltaram contra a autoridade política de Roma.

Os cristãos eram diferentes. Eles adoravam esse mesmo Deus; contudo, também adoravam um homem, Jesus, que afirmava ser Deus. Estranhamente, os cristãos também insistiam que ele não era um mestre local ou revolucionário político, mas o Senhor do universo. E, embora Jesus tivesse se submetido às autoridades locais, ele também afirmou que elas não tinham autoridade, senão a que ele lhes concedera. Ninguém jamais tinha visto ou ouvido algo parecido. Portanto, o cristianismo era excepcionalmente atraente às pessoas de todo o Império Romano porque Jesus unia pessoas que normalmente não se associavam — escravos e livres, pobres e ricos, judeus e gentios. Essa diversidade unificada também tornou o cristianismo uma ameaça única aos poderes políticos de Roma, que, com razão, viram sua autoridade subvertida pelos valores de um reino superior.

Esse tipo de comunidade, essa comunhão de diferentes unidos somente por Cristo, é o que precisamos redescobrir na igreja. E é o tipo de comunidade que é notada pelo mundo. É o tipo de comunidade que ameaça o *status quo* do mundo. Essa comunidade é construída sobre o amor mútuo e a crença em Jesus Cristo. Como o apóstolo Paulo exortou os efésios:

> Rogo-vos, pois, eu, o prisioneiro no Senhor, que andeis de modo digno da vocação a que fostes chamados, com toda a humildade e mansidão, com longanimidade, suportando-vos uns aos outros em amor, esforçando-vos diligentemente por preservar a unidade do Espírito no vínculo da paz; há somente um corpo e um Espírito, como também fostes chamados numa só esperança da vossa vocação; há um só Senhor, uma só fé, um só batismo; um só Deus e Pai de todos, o qual é sobre todos, age por meio de todos e está em todos. (Ef 4.1-6)

Nenhuma pandemia, eleição ou vídeo viral pode ameaçar esse tipo de unidade. Quando a controvérsia chega, essa comunidade da igreja se aproxima mais ainda em amor, empatia e confiança. Seus membros estão se esforçando "por preservar a unidade do Espírito no vínculo da paz".

### Resistindo às divisões

Ao mesmo tempo, essa comunidade pode resistir às divisões do mundo porque seus membros valorizam e respeitam suas diferenças. O apóstolo Paulo trabalhou para corrigir a igreja em Corinto porque esta tinha dificuldade para encontrar unidade em meio à diferença. As divisões da igreja inspiraram seu famoso ensinamento sobre o amor: "tudo sofre, tudo crê, tudo espera, tudo suporta" (1Co 13.7).

As divisões da igreja também inspiraram seu ensino mais claro sobre o corpo de Cristo. Ele usou essa metáfora para explicar como a igreja precisa que todos os seus membros trabalhem juntos. Em um corpo, o pé não despreza a mão. O ouvido não tem ciúme do olho porque você precisa ouvir tanto quanto ver. Todos podem relatar alguma experiência de bastante dor e desconforto vindos de uma parte do corpo que geralmente não é muito lembrada. É por isso que, Paulo disse, nunca devemos menosprezar as chamadas partes menos nobres do corpo. "Deus coordenou o corpo, concedendo muito mais honra àquilo que menos tinha, para que não haja divisão no corpo; pelo contrário, cooperem os membros, com igual cuidado, em favor uns dos outros. De maneira que, se um membro sofre, todos sofrem com ele; e, se um deles é honrado, com ele todos se regozijam" (1Co 12.24-26).

## Uma igreja mais duradoura

O corpo de Cristo é uma comunhão de diferentes. Não somos iguais e precisamos uns dos outros. Não fomos dotados da mesma maneira, e foi assim que Deus planejou para o nosso bem. Confessamos a mesma crença em Jesus Cristo, mas desfrutamos de uma diversidade de experiências. Essa é a visão de Deus para a igreja que devemos redescobrir. Esse modelo não oferece a maneira mais rápida de construir a maior igreja. Mas é a maneira mais duradoura de construir uma igreja saudável.

Se desejar construir uma grande igreja rapidamente, você se concentrará na personalidade e no ensino únicos do pastor, em vez dos vários dons que Deus deu a cada membro do corpo. Você também selecionará música que agrada à sua idade, classe e etnia preferida (por exemplo, profissionais brancos na faixa dos vinte anos com renda de sobra, tempo abundante e necessitando de uma comunidade).

Não é que igrejas assim sejam erradas e pecaminosas. Na verdade, muitas, senão a maioria das igrejas na história mundial, geralmente atraíam os mesmos tipos de pessoas com os mesmos tipos de interesses. Em alguns casos, por exemplo, com as minorias étnicas em muitas partes do mundo, foram construídas igrejas separadas porque essas minorias haviam sido excluídas das igrejas estabelecidas, seja por racismo, seja por simples barreiras linguísticas. De fato, Deus parece usar muitos tipos diferentes de igrejas conjuntamente para alcançar a mesma comunidade local com as boas-novas sobre Jesus.

No entanto, o exemplo dos discípulos de Jesus e das primeiras igrejas lideradas por Paulo sugere algo que precisamos redescobrir hoje. A política e a pandemia estressaram muitas congregações além do ponto de ruptura. Pode parecer mais fácil procurar uma igreja onde todos pensam, votam e pecam da mesma maneira que você. Apesar disso, é melhor para o seu crescimento espiritual acomodar-se em uma comunhão de diferentes.

Honrar pessoas cujas habilidades são diferentes das suas.

Esperar todas as coisas em amor.

Manter a unidade do Espírito pelo vínculo da paz.

Respeitar o zelote ou o cobrador de impostos sentado ao seu lado.

Você quer encontrar uma igreja que chame a atenção deste mundo? Encontre uma igreja que se pareça com o mundo vindouro.

## Leitura recomendada

Mark Dever; Jamie Dunlop, *A comunidade cativante: onde o poder de Deus torna uma igreja atraente* (São José dos Campos: Fiel, 2016).

Irwyn L. Ince Jr., *The beautiful community: unity, diversity, and the church at its best* (Downers Grove, IL: InterVarsity Press, 2020).

A igreja é um grupo de cristãos

↓

que se reúne como uma embaixada terrena
do reino celestial de Cristo

↓

para proclamar as boas-novas
e os mandamentos de Cristo, o Rei;

↓

para afirmar uns aos outros como
seus cidadãos por meio das ordenanças;

↓

e para evidenciar o amor e a santidade de Deus

↓

por meio de um povo
unificado e diverso

↓

**em todo o mundo,**

↓

seguindo o ensino e o exemplo dos presbíteros.

# 8
# Como amamos os de fora?

*Collin Hansen*

**Para que serve uma igreja?** O que deve acontecer em todos os programas da igreja para jovens, os cultos de adoração, os estudos bíblicos e os pequenos grupos? Como você deve se sentir e o que deve fazer como parte de uma igreja?

Talvez as respostas a essas perguntas sejam óbvias para você. Mas, ao longo da história, as igrejas responderam a essas perguntas de pelo menos quatro maneiras diferentes. Podemos comparar essas quatro alternativas com o que encontramos na Palavra de Deus sobre o que a igreja deve fazer pelas pessoas de fora de suas paredes e pelas de dentro. Algumas dessas respostas se sobrepõem; elas não são, necessariamente, mutuamente excludentes. No entanto, as igrejas geralmente enfatizam apenas um desses aspectos do relacionamento entre os de dentro e os de fora.

Primeiro, alguns acreditam que a igreja existe para evangelizar. A igreja tem como objetivo levar pessoas para dentro de um prédio no domingo para ouvirem as boas-novas sobre Jesus e se converterem. A pregação e o ensino se concentram no básico: nosso problema com o pecado, o sacrifício de Jesus e a necessidade de crer. Os cultos de adoração tendem a passar por séries regulares sobre relacionamentos, paternidade, finanças, cultura popular e outros tópicos que se conectam com os de fora. O pregador visa conectar essas situações de vida à nossa necessidade de Jesus.

Segundo, alguns acreditam que a igreja existe para realizar boas obras. A igreja tem como objetivo mobilizar as pessoas de dentro para ajudar as pessoas de fora de maneiras palpáveis. Essas igrejas entregam sopas em marmitex e fazem bazares de roupas usadas. Elas oferecem programas de emprego para ex-presidiários e aulas de alfabetização para pessoas carentes, imigrantes ou refugiados. A pregação e o ensino enfatizam as boas obras de Jesus e seu mandamento de amar nosso próximo como a nós mesmos. Os líderes exortam os de dentro a trabalhar e votar por mudanças que beneficiem os menos afortunados de fora. Os cultos de adoração apresentam anúncios sobre dias de ações beneficentes e a necessidade de voluntários. Eles também destacam relatos de pessoas de fora cujas vidas foram ajudadas por pessoas de dentro.

Terceiro, alguns acreditam que a igreja existe para curar. A igreja tem como objetivo mostrar aos de fora que a vida fica melhor quando eles entram na igreja. A pregação e o ensino enfatizam os milagres de Jesus e o poder do Espírito e como ele nos dá os mesmos meios para curar as pessoas de seu sofrimento físico, espiritual, financeiro e mental hoje. Os sermões reforçam que os de dentro podem superar qualquer desafio com a ajuda de Deus. Os cultos de adoração apresentam música edificante e respostas corporais ao mover do Espírito. Alguns cultos podem se concentrar quase exclusivamente na oração por cura imediata.

Quarto, alguns acreditam que a igreja existe para dispensar graça. A igreja tem como objetivo dar aos de dentro o perdão que eles não podem receber fora da igreja. A pregação e o ensino enfocam o papel da igreja como mediadora entre os humanos e Deus. Os cultos de adoração culminam com os de dentro recebendo do líder o corpo e o sangue de Cristo como pão e vinho. Uma pessoa de fora desta congregação em particular pode ser uma pessoa de dentro de uma congregação diferente, mas reconhecerá muitas semelhanças, não importa que culto frequente neste tipo de igreja.

Talvez você reconheça sua igreja atual em um desses cenários. Você pode ver umas duas ou três igrejas que conhece. Ou talvez você seja tão novo na igreja que todos eles são igualmente desconhecidos! Você pode visitar uma igreja como alguém de fora e sentir que tudo foi planejado apenas para o seu benefício. Em outra igreja, talvez ninguém sequer note você. Neste capítulo, então, nosso objetivo é ajudá-lo a redescobrir a igreja, explorando o que a Bíblia ensina sobre o propósito da igreja e como pessoas de dentro e de fora devem se relacionar.

## A Grande Comissão

Começamos com as palavras finais de Jesus aos seus discípulos antes de subir ao céu, após a sua ressurreição:

> Toda a autoridade me foi dada no céu e na terra. Ide, portanto, fazei discípulos de todas as nações, batizando-os em nome do Pai, e do Filho, e do Espírito Santo; ensinando-os a guardar todas as coisas que vos tenho ordenado. E eis que estou convosco todos os dias até à consumação do século. (Mt 28.18-20).

Jesus envolveu essa mensagem de despedida em explicações de si mesmo. Toda autoridade pertence a ele, então seu mandamento é obrigatório. Os discípulos não tinham autoridade para fazer o que quisessem. Jesus prometeu que edificaria sua igreja. Só ele tem a autoridade adequada. Jesus também prometeu que, não obstante o que acontecesse a seus discípulos, estaria com eles. Mas não apenas até o fim de suas vidas. Essa promessa e esse mandamento se aplicam a todos os discípulos que virão até o fim dos tempos.

Considerando que Jesus deu essas palavras antes de subir ao céu, seu compromisso deve ter confortado os discípulos, que tinham pouca ideia do que os esperava depois de sua partida.

Jesus entregou essa mensagem de despedida às principais pessoas de dentro, os homens que haviam caminhado e conversado com ele por anos. Mas é digno de nota que, aqui, Jesus não disse nada sobre eles como os de dentro. Ele apenas ordenou o que deveriam fazer pelos de fora. Assim como ele os fez seus discípulos, eles deveriam ir e fazer outros discípulos. A abrangência, entretanto, mudou dramaticamente. Seu horizonte se expandirá muito além do interior da Galileia e da cidade de Jerusalém. Jesus os enviou a "todas as nações".

É impressionante olhar para trás e ver como eles obedeceram e fizeram discípulos em todos os lugares, da Índia à África e à Europa.

O que, então, esses de dentro deveriam fazer para transformar os de fora em discípulos de Jesus? Para começar, eles batizavam. As igrejas hoje discordam se o batismo ocorre logo após o nascimento ou logo após a profissão de fé em Jesus Cristo. Está além do escopo deste pequeno livro resolver essa disputa. Mesmo assim, todos concordam que os discípulos batizaram novos crentes em nome do Pai, do Filho e do Espírito Santo, como Jesus ordenou. Isso significa que eles ensinaram aos de fora sobre a Trindade, um Deus em três pessoas. Considerando a crença judaica em um Deus e a crença romana em muitos deuses, essa doutrina exigiria um tratamento paciente, cuidadoso e prolongado. Ela não deve ter sido autoevidente para os de fora que os discípulos encontravam, não importa para onde viajassem.

A última ordem de Jesus abrange quase tudo que você possa imaginar: "ensinando-os a guardar todas as coisas que vos tenho ordenado". Temos quatro livros da Bíblia cheios de ensinamentos de Jesus. Os discípulos também passaram vários anos com ele. Eles não poderiam ter cumprido essa ordem ensinando apenas sobre a cruz e o túmulo vazio e, então, exortando a uma decisão sobre crer. Sim, a conversão transforma pessoas de fora em pessoas de dentro. Mas os novos iniciados devem aprender a "guardar" o ensino de Jesus. E assim como Jesus serviu de exemplo para os discípulos, também os discípulos devem ter ensinado os novos crentes a observá-los, bem como seus ensinos, conforme seguiam os mandamentos de Jesus. Novamente, obedecer a esse aspecto da ordem que chamamos de Grande Comissão deve ter exigido tempo e paciência. Provavelmente, não é o tipo de coisa que você pode realizar apenas por chamadas de vídeo, muito menos em podcasts unidirecionais. Esse tipo de ensino é melhor realizado pessoalmente, em relacionamento, em diálogo — na igreja.

## A igreja hoje

O que podemos concluir, então, a partir da Grande Comissão, para que a igreja existe? Como os de dentro e os de fora se relacionam? Podemos ver que Jesus pediu aos primeiros líderes da igreja, os principais de dentro, que se encarregassem de transformar pessoas de fora em pessoas de dentro por meio da conversão. Esse processo poderia começar em suas próprias casas, com seus filhos e parentes, mas acabaria se estendendo a estranhos ao redor do mundo. A igreja nunca deve perder de vista esse chamado evangelístico. Qualquer outra atividade que a igreja venha a fazer, primordialmente, ela deve ensinar e, então, demonstrar como se tornar um discípulo de Jesus Cristo.

Podemos ver que uma igreja deve construir relacionamentos de profundidade e perseverança. É impossível ensinar tudo o que Jesus ordenou a pessoas que você mal conhece e mal vê. Além disso, em comparação com os séculos anteriores, a difícil tarefa de ensinar tudo o que Jesus ordenou leva ainda mais tempo hoje, uma vez que, pelo menos no Ocidente, voltamos a um estado de confusão religiosa próximo daquele que os discípulos teriam encontrado. Ao longo da história da cristandade, quer em relação à igreja europeia estabelecida, quer em relação à variedade americana de crença fácil, os de fora sabiam como falar e agir de modo semelhante às pessoas de dentro, mesmo que não cressem realmente em Jesus. Eles sabiam a linguagem e observavam os feriados. Chamamos isso de nominalismo cristão. Muito embora o nominalismo esteja definhando, exceto em recantos diminutos do Ocidente.

Falo frequentemente com pastores que trabalham com jovens. E, nos últimos cinco anos pelo menos, tenho ouvido uma mensagem consistente: é preciso o dobro de tempo hoje para fazer o mesmo progresso no discipulado de uma década atrás. Cada vez menos pessoas de fora sabem de qualquer coisa que Jesus disse além de alusões genéricas ao julgamento e ao amor.

Quando eles entram, entendem pouco sobre o que significa seguir Jesus: quem ele é, o que ele fez, o que ele ordenou. A igreja redescoberta não pode se dar ao luxo de repetir os mesmos mantras básicos de autoajuda sem sondar qualquer profundidade teológica. Essa fé superficial não ajuda os novos crentes a obedecer a Jesus, considerando que ele nos disse para esperar que o mundo odiasse seus seguidores (Mt 5.11; 10.22; Mc 13.13; Lc 21.17; Jo 5.18).

Uma palavra semelhante de cautela se aplica às igrejas que se concentram na cura ou dispensação da graça. A oração deve, de fato, caracterizar qualquer igreja fiel. E o Espírito tem o poder de curar, tanto os de dentro quanto os de fora. Mas o papel do Espírito é nos ajudar a lembrar o que Jesus ensinou e fez (Jo 14.26). Qualquer cura física ou ajuda financeira neste lado do céu é boa, mas não é definitiva. A dívida do seu cartão de crédito pode ser perdoada na terra. Mas a menos que Deus tenha perdoado seus pecados pelo sangue de Jesus, sua dívida de pecado permanece, junto com o julgamento eterno de Deus. Devemos ter cuidado para não deixar a impressão de que entrar para a igreja traz benefícios financeiros ou físicos tangíveis aqui e agora. Caso contrário, Jesus se torna o meio para um fim mundano e temporário.

Quando se trata de dispensar graça, caminhamos sobre uma linha tênue na igreja. Este livro é sobre como o corpo de Cristo é essencial. Deus autorizou os líderes da igreja a administrar as ordenanças do batismo e da ceia do Senhor em seu nome. Eles guardam esses meios de graça, os quais pertencem apenas aos de dentro. Você não pode simplesmente dar um mergulho na piscina do quintal e engolir um pedaço de pão com uma lata de Coca-Cola e chamar isso de igreja.

Ao mesmo tempo, nenhum mero mortal determina seu destino espiritual, esteja você do lado de fora ou de dentro. O apóstolo Paulo disse a Timóteo, seu protegido e pastor em Éfeso: "Porquanto há um só Deus e um só Mediador entre Deus e os homens, Cristo Jesus, homem, o qual a si mesmo se deu em resgate por todos: testemunho que se deve prestar em tempos oportunos" (1Tm 2.5, 6). A graça vem de Deus para todos os que pedem por fé. Ela não é armazenada pela igreja e distribuída a mando dos líderes. Você não precisa da igreja para nascer de novo, mas precisa da ajuda da igreja para andar sobre as pernas frágeis da fé incipiente.

### E quanto a tudo o mais que Jesus ordenou?

Até agora neste capítulo, estabelecemos que a igreja existe para ajudar os de fora a se tornarem de dentro por meio da conversão. Quando essas pessoas de fora se tornam parte da igreja, os de dentro, paciente e diligentemente, os ensinam a obedecer a tudo o que Jesus ordenou. Ao redescobrir a igreja, você perceberá que nem todos são ótimos em fazer as duas coisas. Às vezes, você ouvirá muito sobre o evangelho, a saber, a cruz e a ressurreição. Mas você não ouvirá tanto dos Evangelhos, aqueles quatro livros baseados nos relatos dos primeiros discípulos de Jesus. Eles culminam na cruz e ressurreição após dezenas de capítulos com o ensino de Jesus. Compreender a relação entre o evangelho e os Evangelhos é a chave para redescobrir o compromisso da igreja tanto com o evangelismo quanto com a vida como membros dedicados às boas obras — criando os filhos no temor do Senhor, indo trabalhar todos os dias como para Cristo, fazendo o bem aos nossos vizinhos não cristãos, buscando realizar obras de compaixão e justiça, engajando-nos nas questões referentes à praça pública quando temos oportunidade e muito mais.

A própria estrutura dos Evangelhos nos diz que Jesus entendeu sua missão como oferta de si mesmo em sacrifício para expiar o pecado. Ele explicou aos discípulos: "Pois o próprio Filho do Homem não veio para ser servido, mas para servir e dar a sua vida em resgate por muitos" (Mc 10.45; veja também Mt 20.28). O Evangelho de Mateus tem seu ponto de virada na confissão de Pedro de que Jesus é o Cristo, o Messias de Israel há muito prometido (Mt 16.16). A partir desse ponto, Jesus começou a explicar aos seus discípulos que ele precisaria ir a Jerusalém, sofrer nas mãos dos líderes judeus, morrer na cruz e ressuscitar dos mortos no terceiro dia (v. 21). Quando entendemos essa missão de Jesus, podemos entender a missão da igreja de compartilhar esse evangelho sobre o que Jesus fez.

No entanto, se isso fosse tudo que Jesus veio fazer, não precisaríamos de todos os outros capítulos dos Evangelhos. Não precisaríamos do Sermão do Monte em Mateus 5 a 7. Não precisaríamos que Jesus explicasse como os de dentro devem se relacionar uns com os outros, como devem se relacionar com os de fora e como contribuem para uma sociedade boa e justa. Nesse sermão, ouvimos Jesus dizer: "Vós sois a luz do mundo. Não se pode esconder a cidade edificada sobre um monte. [...] Assim brilhe também a vossa luz diante dos homens, para que vejam as vossas boas obras e glorifiquem a vosso Pai que está nos céus" (Mt 5.14, 16).

Essa passagem contém a chave para reconciliar evangelismo e boas obras, os de dentro e os de fora. Você já participou de um culto à luz de velas na véspera de Natal?

Mesmo que não, você pode entender a ideia básica com bastante facilidade. Enquanto todos cantam *Noite feliz* ou outro hino de Natal, cada pessoa acende sua vela e passa a chama para a próxima pessoa. O que começa como uma sala escura no início do hino resplandece com luz e calor ao final. Uma vela acesa brilha forte na escuridão. Dezenas de velas acesas afastam a escuridão.

É isso que acontece quando uma igreja obedece conjuntamente aos mandamentos de Jesus. Os mandamentos de abandonar a raiva; de rejeitar a lascívia; de amar os inimigos; de doar aos necessitados; de não ficar ansioso com coisa alguma. Quando os cristãos de dentro agem assim uns com os outros e com os de fora, o mundo vê suas boas obras como uma cidade situada em um monte e iluminada com as luzes cintilantes do Natal. Sua luz brilha de tal forma que os de fora querem entrar e dar glória ao Pai do céu.

Reconhecemos que a ordem aqui é crucial. Muitas vezes, os cristãos e as igrejas ficam tão preocupados em redimir a cultura ou transformar a cidade que fracassam em colocar suas próprias casas em ordem. Como estamos tentando dizer ao longo deste livro, as igrejas devem primeiro procurar se tornar culturas redimidas e cidades celestiais transformadas. Só então seu amor, suas boas obras e sua busca pela justiça podem se espalhar para fora com integridade. Quando isso acontecer, os cidadãos sitiados deste mundo e suas revoluções fracassadas podem então buscar refúgio nas portas de nossa embaixada.

## Bom para todos

Então, a igreja existe para os de dentro ou os de fora? De formas complementares, para ambos. O apóstolo Paulo ensinou: "Por isso, enquanto tivermos oportunidade, façamos o bem a todos, mas principalmente aos da família da fé" (Gl 6.10). Todos os de fora são bem-vindos na igreja e convidados a se tornarem pessoas de dentro pela fé.

Dentro da igreja, os cristãos aprendem a obedecer a tudo o que Jesus ordenou, incluindo como devem honrar a Deus e amar os de fora em suas famílias, no trabalho e na vizinhança. Juntos, quando os de dentro fazem o bem uns aos outros, eles brilham como um farol de esperança santa para um mundo preso pela escuridão da noite. Adolphe-Charles Adam coloca isso muito bem em sua letra do hino de Natal *O holy night*:

> Verdadeiramente, ele nos ensinou a amar uns aos outros;
> Sua lei é amor e seu evangelho é paz.
> Ele quebrará as correntes, pois o escravo é nosso irmão;
> E em seu nome toda opressão cessará.

## Leitura recomendada

Timothy Keller, *Justiça generosa: a graça de Deus e a justiça social* (São Paulo: Vida Nova, 2017).

J. Mack Stiles, *Evangelização: como criar uma cultura contagiante de evangelismo na igreja local* (São Paulo: Vida Nova, 2016).

A igreja é um grupo de cristãos

↓

que se reúne como uma embaixada terrena
do reino celestial de Cristo

↓

para proclamar as boas-novas
e os mandamentos de Cristo, o Rei;

↓

para afirmar uns aos outros como
seus cidadãos por meio das ordenanças;

↓

e para evidenciar o amor e a santidade de Deus

↓

por meio de um povo
unificado e diverso

↓

em todo o mundo,

↓

**seguindo o ensino e o exemplo dos presbíteros.**

# 9
# Quem lidera?

*Jonathan Leeman*

**Todo mundo sabe o que é um pastor, certo?** Até mesmo os não cristãos sabem. Ao menos, eles já viram um na televisão. Os pastores lideram igrejas. Eles ficam à frente durante os cultos da igreja. Eles falam um pouco. Talvez, depois do culto, fiquem perto da saída e apertem a mão das pessoas que saem pela porta. Ao longo da semana, eles fazem outros tipos de coisas boas. Ou algo do tipo.

Talvez seja melhor dizer que a maioria das pessoas tem uma vaga noção do que é um pastor. Essa noção foi formada pela experiência, seja de assistir televisão, seja de observar o pastor da igreja que elas ocasionalmente frequentavam quando criança.

Isso significa que, se começarmos a comparar nossas impressões, descobriremos que elas divergem. Alguns pensam em um preletor bonito e carismático, capaz de encantar um auditório de cinco mil pessoas com a destreza de um comediante. Outros pensam em um homem idoso amável cujos sermões são cheios de digressões e um pouco difíceis de seguir porque ele passa a maior parte da semana visitando hospitais ou ajudando vizinhos necessitados. Outros veem um palestrante austero com a testa franzida, agitando sua Bíblia lá do púlpito e declarando semana após semana certas opiniões sobre tudo. Outros ainda se lembram da dor ou mesmo do abuso que experimentaram do homem que a congregação estimava e honrava com o título de "pastor".

## O programa de discipulado de Jesus

O objetivo deste livro é redescobrir a igreja, que é o motivo pelo qual dedicamos a maior parte dele à igreja — ou seja, a todos os membros; isto é, a *você*. No entanto, os líderes desempenham um papel crucial em qualquer igreja, e vamos nos referir a eles, indistintamente, como *pastores e presbíteros*, porque é isso que a Bíblia faz (veja At 20.17, 28; Tt 1.5, 7; 1Pe 5.1, 2). Sua capacidade de fazer o seu trabalho como membro da igreja depende do trabalho dos pastores ou presbíteros. Seu trabalho, como vimos no capítulo 5, é ser um rei-sacerdote. Jesus encarregou você de cuidar do *quê* e *quem* do evangelho, bem como de estender o domínio do evangelho por toda a terra, fazendo discípulos. Mas qual é o trabalho de um pastor?

Em um mundo pós-pandêmico, é mais importante do que nunca saber a resposta a essa pergunta por causa do impacto que as quarentenas da COVID-19 tiveram na confiança dentro das igrejas — confiança entre os membros e nos líderes. Pensaremos mais sobre isso em seguida, mas parte da reconstrução da confiança é saber exatamente qual é o trabalho de um pastor. A descrição resumida do trabalho de um pastor é que ele deve prepará-lo para que você faça o seu trabalho.

Aprendemos isso em Efésios 4.11-16. O apóstolo Paulo nos diz que Jesus deu vários dons à sua igreja, aos pastores inclusive (v. 11). Então ele nos diz por que Jesus deu às igrejas esses dons: "com vistas ao aperfeiçoamento dos santos para o desempenho do seu serviço, para a edificação do corpo de Cristo" (v. 12). O trabalho do pastor é preparar os santos para fazerem seu trabalho. Eles nos ensinam como ministrar uns aos outros, para este fim:

> Mas, seguindo a verdade em amor, cresçamos em tudo naquele que é a cabeça, Cristo, de quem todo o corpo, bem-ajustado e consolidado pelo auxílio de toda junta, segundo a justa cooperação de cada parte, efetua o seu próprio aumento para a edificação de si mesmo em amor. (v. 15, 16)

Cada parte do corpo tem trabalho a fazer. Todos nós participamos do projeto de edificação do corpo em amor. E os pastores nos ensinam e nos treinam para este trabalho.

A reunião semanal da igreja, então, é um momento de treinamento profissional. Ela permite que aqueles no ofício pastoral preparem aqueles no ofício de membro para conhecerem o evangelho, viverem pelo evangelho, protegerem o testemunho do evangelho da igreja e estenderem o alcance do evangelho às vidas uns dos outros e entre os de fora. Se Jesus incumbe os membros de afirmarem e edificarem uns aos outros no evangelho, ele incumbe os pastores de treiná-los para fazerem isso. Se os pastores não fazem bem o seu trabalho, tampouco os membros farão o deles.

> Trabalho dos presbíteros + trabalho dos membros = programa de discipulado de Jesus

Quando você junta o trabalho do pastor com o trabalho dos membros, o que você obtém? O programa de discipulado de Jesus. Esse não é um programa que você pode comprar em uma livraria cristã, um pacote que vem com um manual do professor, um guia do aluno e pôsteres para o mural da escola dominical. Está bem ali em Efésios 4.

### Preparando pelo ensino

O ministério de preparação de um pastor ou presbítero se concentra em seu ensino e em sua vida. Encontramos a fórmula na instrução de Paulo a Timóteo: "Tem cuidado de ti mesmo e da doutrina. Continua nestes deveres; porque, fazendo assim, salvarás tanto a ti mesmo como aos teus ouvintes" (1Tm 4.16).

Vamos examinar um de cada vez. Uma das principais qualidades que diferencia o presbítero dos membros é que ele deve ser "apto para ensinar" (1Tm 3.2). Isso não significa que ele precisa subir ao púlpito, ficar diante de mil pessoas e cativá-las com sua sabedoria e perspicácia. Significa que, se está tendo dificuldade para entender a Bíblia ou para lidar com uma situação difícil da vida, você sabe que pode passar na casa dele e pedir ajuda, sabe que obterá uma resposta bíblica. Você acredita que, quando ele abre a Bíblia, não diz coisas malucas a partir dela. Ele fornece a você um entendimento fiel dela. Ele ensina "o que convém à sã doutrina" (Tt 2.1).

Numa tarde de domingo, leia todas as três cartas de Paulo aos pastores Timóteo e Tito e sublinhe cada referência ao ensino. Sua mão pode ficar cansada. Vamos escolher apenas uma: Paulo diz em sua Segunda Carta a Timóteo que ele deve manter o padrão de ensino sólido que ouviu de Paulo (2Tm 1.13). O que ouviu de Paulo, ele deve confiar a homens fiéis, que serão capazes de ensinar outros também (2.2). Ele deve ser diligente em ensinar corretamente a palavra da verdade (2.15). Deve evitar o discurso vazio que se desvia da verdade (2.16-18). E ele deve ensinar e instruir apenas como Deus deseja que ensine, sabendo que o arrependimento levará ao conhecimento da verdade (2.24, 25). Paulo conclui ordenando a Timóteo que persista em pregar a Palavra, corrigindo, repreendendo e encorajando com longanimidade (4.2).

A imagem que Paulo oferece tanto para Timóteo quanto para Tito é a da obra lenta, paciente, diária e repetitiva de buscar fazer as pessoas crescerem em piedade. Um presbítero não força, mas ensina, porque um ato forçado de piedade não é piedade nenhuma. Um ato piedoso é escolhido deliberadamente por um coração regenerado e em nova aliança.

Quando os presbíteros ensinam, a congregação começa a servir e a fazer boas obras. Uma imagem maravilhosa desse padrão ocorre em Atos 16, quando Paulo e seus companheiros chegam pela primeira vez em Filipos. Paulo ensina um grupo de mulheres, incluindo uma chamada Lídia. "O Senhor lhe abriu o coração para atender às coisas que Paulo dizia", lemos (v. 14). Ele a batiza. Então, ela diz a Paulo e seus companheiros: "Se julgais que eu sou fiel ao Senhor, entrai em minha casa e aí ficai". Lucas, que está escrevendo esse relato, conclui: "E [ela] nos convenceu" (v. 15, NVI). Então Paulo prega, Lídia é salva e ela imediatamente começa a trabalhar mostrando hospitalidade!

## Preparando por meio do exemplo

Os presbíteros não apenas ensinam, eles também devem dar o exemplo para o rebanho em suas vidas. "Rogo, pois, aos presbíteros que há entre vós", ensina Pedro: "pastoreai o rebanho de Deus que há entre vós" (1Pe 5.1, 2). Como eles farão isso, Pedro? "Tornando-vos modelos do rebanho", ele responde (v. 3).

Um presbítero trabalha chamando as pessoas a imitarem sua conduta. Assim diz Paulo aos coríntios: "Admoesto-vos, portanto, a que sejais meus imitadores. Por esta causa, vos mandei Timóteo, que é meu filho amado e fiel no Senhor, o qual vos lembrará os meus caminhos em Cristo Jesus, como, por toda parte, ensino em cada igreja" (1Co 4.16, 17).

Às vezes, os cristãos ficam surpresos quando procuram a descrição das atribuições de um presbítero na Bíblia, pois descobrem que os autores são mais sistemáticos na descrição do *caráter* de um presbítero (1Tm 3.2-7; Tt 1.6-9). Também é interessante o fato de que essas descrições do caráter de um presbítero apontam para atributos que devem caracterizar todo cristão — ser sensato, ter domínio de si, ser respeitável, hospitaleiro, não dado ao vinho, não violento, mas gentil, inimigo de contendas, não amante de dinheiro e assim por diante. Todo cristão não deveria aspirar a essas coisas? As únicas exceções são "apto para o ensino" e "não seja neófito" (1Tm 3.2, 6). As pessoas podem se perguntar por que Paulo não exige algo, digamos, mais extraordinário dos presbíteros, como "histórico comprovado na liderança de grandes organizações", "ter iniciado sete orfanatos" ou "ter liderado um avivamento que levou à conversão de centenas". A razão, ao que parece, nos leva de volta à ideia de um presbítero ser um exemplo. Além de poder ensinar, sua vida deve ser algo que outros cristãos possam copiar.

Os presbíteros não constituem uma "classe" separada de cristãos, como a divisão entre aristocratas e o povo comum ou entre padres medievais e leigos. Fundamentalmente, um presbítero é um cristão e um membro da igreja que foi destacado por seu caráter exemplar e por ser capaz de ensinar.

A diferença entre um presbítero e um membro, embora formalmente designado por um título, é principalmente uma diferença de maturidade, não de classe. Como um pai faz com um filho, o presbítero trabalha constantemente para fazer o membro *crescer* e *amadurecer*. É um ofício distinto, com certeza. E não é todo cristão maduro se qualifica para esse serviço. Ainda assim a quesito permanece: um presbítero se esforça para se duplicar à medida que imita a Cristo (veja 1Co 4.16; 11.1).

Falando figurativamente, ele demonstra como usar o martelo e a serra e, em seguida, coloca as ferramentas nas mãos do membro. Ele toca a escala do piano ou mostra como cobrar um pênalti, então pede ao membro para repetir o que ele fez.

Você pode dizer que ser pastor/presbítero faz de toda a vida um exercício de apresentar e descrever. Muitas escolas infantis têm o dia de apresentar e descrever. Você leva um brinquedo para a aula, conta a seus colegas sobre ele e lhes mostra o brinquedo. Pode até deixá-los pegar no brinquedo para verem como funciona.

Assim é a vida de um pastor ou presbítero. Ele diz à sua igreja: "Deixe-me ensinar-lhes o caminho da cruz. Agora observem minha conduta. É assim que se suporta o sofrimento. É assim que amamos nossos filhos. É assim que se compartilha o evangelho. É assim a generosidade e a justiça na prática. Deixe-me mostrar-lhes como ser ousado em prol da verdade e gentil para com o quebrantamento".

Qual é o nosso trabalho como membros em relação aos nossos presbíteros? O autor de Hebreus expõe isso sucintamente: "Lembrai-vos dos vossos guias, os quais vos pregaram a palavra de Deus; e, considerando atentamente o fim da sua vida, imitai a fé que tiveram" (13.7).

## Vantagens da pluralidade

Se o trabalho de um presbítero é apresentar um estilo de vida que todo cristão pode seguir, as igrejas se beneficiam de ter mais do que apenas um deles. Sim, aprendemos observando os homens no ministério vocacional de tempo integral. No entanto, também aprendemos com o presbítero que trabalha em tempo integral como professor, na indústria ou nas finanças. Homens em diferentes vocações nos dão a oportunidade de ver como a piedade se apresenta em diferentes esferas. Além disso, há um limite de trabalho pastoral que um pastor pode fazer durante a semana. Dois podem fazer o dobro do trabalho; três, o triplo, e assim por diante.

O Novo Testamento nunca nos diz quantos presbíteros uma igreja deve ter, mas se refere consistentemente aos "presbíteros" de uma igreja local no plural, por exemplo, quando Paulo "mandou a Éfeso chamar os presbíteros da igreja" (At 20.17); ou quando Tiago escreveu: "Está alguém entre vós doente? Chame os presbíteros da igreja" (Tg 5.14; veja também At 14.23; 16.4; 21.18; Tt 1.5).

Além disso, não há sugestão de que todo pastor ou presbítero deva ser pago, e pelo menos uma passagem sugere que apenas alguns seriam (1Tm 5.17, 18). Também é difícil imaginar que as igrejas do primeiro século poderiam pagar todos os seus presbíteros. Nem Collin nem eu, por exemplo, recebemos nossa renda de uma igreja. Trabalhamos em tempo integral para ministérios paraeclesiásticos. Não obstante, nós dois servimos como presbíteros ou pastores em nossas respectivas congregações. Gostamos de pensar nisso como nosso trabalho noturno e dos fins de semana! Servir como presbíteros "não remunerados" ou "leigos" (chame como quiser) significa que participamos de reuniões regulares de presbíteros, ensinamos de vez em quando em diferentes situações da vida da igreja, somos chamados para vários aconselhamentos ou situações de crise familiar, fazemos aconselhamento pré-nupcial e muito mais. Também significa que a igreja deve estar sempre em destaque na nossa vida de oração, embora esperemos que todos os outros cristãos busquem fazer o mesmo.

A pluralidade de presbíteros não significa que o pastor que mais prega não tenha um papel distinto. Tiago foi especialmente reconhecido como líder da igreja em Jerusalém (At 15.13; 21.18), assim como Timóteo em Éfeso e Tito em Creta. Em Corinto, Paulo se dedicou à pregação de uma forma que nem todo presbítero leigo faria (At 18.5; 1Co 9.14; 1Tm 4.13; 5.17). Além disso, por ser a voz que regularmente proclama a Palavra de Deus, um pregador fiel provavelmente descobrirá que uma congregação começa a confiar nele de uma maneira única, de forma que até mesmo os outros presbíteros o tratam como o primeiro entre iguais e "especialmente" digno de dupla honra — um salário (1Tm 5.17). Ainda assim, o pregador ou pastor é, fundamentalmente, apenas mais um presbítero, formalmente igual a todos os outros homens chamados pela congregação.

A pluralidade de presbíteros tem uma série de benefícios:

+ *Equilibra as fraquezas pastorais.* Nenhum pastor tem todos os dons. Outros homens piedosos terão dons, paixões e percepções complementares.
+ *Acrescenta sabedoria pastoral.* Nenhum de nós é onisciente.
+ *Desarma uma mentalidade de "nós contra ele"* que às vezes pode surgir entre uma igreja e o pastor.
+ *"Indigeniza" a liderança* na congregação, para que, mesmo que um pastor remunerado vá embora, a congregação ainda possui uma sólida estrutura de liderança.
+ *Cria uma trajetória de discipulado clara* para os homens na igreja. Nem todo homem será chamado por Deus para servir como presbítero. Mas todo homem deve se perguntar: *Por que não servir e fazer o que for necessário para me tornar o tipo de homem que serve ao corpo dessa maneira?* É algo bom pelo que almejar, diz Paulo (1Tm 3.1).
+ *Também é um exemplo de discipulado para mulheres.* Mulheres mais velhas na fé devem se dedicar a discipular as mulheres mais jovens, assim como fazem os presbíteros por toda a congregação (Tt 2.3, 4).

## O óleo da confiança

O programa de discipulado de Jesus, dissemos há pouco, consiste em presbíteros fazendo seu trabalho de preparar os membros para fazerem seu próprio trabalho. O que é importante reconhecer é que isso funciona apenas quando há confiança entre os membros e os presbíteros. A confiança é o óleo que permite que o motor do programa de discipulado de Jesus funcione. Sem ele, as engrenagens rangem até emperrar.

Pense nisso. Ouvimos, imitamos e seguimos as pessoas em quem confiamos. Se eu acredito que você vive com integridade, me ama e busca o meu bem, será mais fácil para mim receber suas palavras de instrução ou correção, mesmo nas questões difíceis. Se eu não confiar em você, questionarei e duvidarei de tudo o que você diz, mesmo nas questões mais simples. Uma igreja saudável, portanto, tem líderes que são confiáveis, mas também pessoas dispostas a confiar.

Parte do que tornou as quarentenas da COVID-19 tão desafiadoras é que a confiança diminui naturalmente quando as pessoas não se veem. Exceto em casos de conflito, estar fisicamente com as pessoas ajuda a criar confiança.

- "Sim, eu o conheço. Nós almoçamos junto. Cara legal, gosto dele."
- "Bem, a conversa foi ficando cada vez pior por e-mail. Depois, conversamos pessoalmente e ajustamos tudo. Tudo está melhor agora."

Estar junto com as pessoas normalmente aumenta a confiança, enquanto a ausência tenta nossos corações com preocupação, ceticismo e até medo. Com certeza, muitos pastores aprenderam durante as quarentenas da COVID-19 que as reservas de confiança da congregação que eles passaram anos acumulando estavam se esgotando rapidamente. As coisas pareciam bem dentro das igrejas durante as primeiras semanas de quarentena entre março e abril de 2020. Então, a pressão aumentou conforme as semanas viravam meses. Muitos governos em todo o mundo aumentaram as restrições. Algo que agravou as tensões políticas foi o fato de as igrejas não estarem se reunindo ou se reunirem apenas parcialmente. Uma igreja que não consegue se reunir e que tem baixas reservas de confiança é como um carro com um motor que está ficando sem óleo. Como dissemos acima, essas engrenagens começarão a entrar em atrito — entre um membro e os presbíteros e entre os próprios membros, inclusive por meio das mídias sociais. A cada passo do caminho, as pressões políticas que trabalhavam contra a unidade ficavam mais fortes, enquanto os desafios de reunir a todos tornavam a confiança entre os membros e em relação aos líderes ainda mais difícil.

Collin e eu conversamos com dezenas de pastores que foram criticados por um dos lados do espectro político ou por ambos. Eles falaram de membros — mesmo líderes de longa data em suas igrejas — que saíram pelo que disseram ou pelo que deixaram de dizer.

Não podemos abordar as questões políticas aqui, mas talvez possamos oferecer uma palavra pastoral rápida para aqueles que perderam a confiança nos líderes de sua igreja, seja por razões políticas, seja por quaisquer outras. Se você for um deles, saiba que é algo muito sério. Seu principal meio de crescimento espiritual é ouvir a Palavra de Deus. Portanto, se você, seu cônjuge ou seus filhos não confiarem nos pastores, você terá dificuldade em ouvi-los pregar a Palavra de Deus a cada semana, o que o ferirá espiritualmente com o tempo. Portanto, esse é um problema a ser abordado e resolvido, se possível.

Talvez o problema seja você. Você precisa pelo menos considerar essa possibilidade, especialmente se estiver se voltando contra amigos e líderes que conhece e confia há anos. Ore sobre isso e peça críticas de alguém em quem confia. Talvez o problema seja um ou mais presbíteros e, nesse caso, você pode precisar tratar o problema diretamente com eles.

Obviamente, não podemos diagnosticar sua situação específica aqui. Mas podemos dizer que, se todos os seus esforços para restaurar a confiança falharem, você pode precisar sair e encontrar uma igreja em que possa confiar nos pastores o suficiente para permitir que eles o questionem quando necessário. Não procure uma igreja que apenas confirme tudo o que você já sabe.

Sim, os cristãos devem sempre trabalhar pela reconciliação. No entanto, às vezes a humildade exige que deixemos esses conflitos insolúveis repousarem por um tempo e peçamos ao Senhor que os resolva a seu tempo e à sua maneira. Até que chegue esse momento, sua capacidade de continuamente ouvir e aplicar a Palavra de Deus sem a pedra de tropeço da confiança quebrada continua crucial. Falando como pastor, eu preferiria que alguém deixasse minha igreja por não confiar em mim, mesmo que eu esteja convencido de estar certo e a outra pessoa errada, para que ela possa, com o tempo, crescer em piedade em outro lugar. Talvez, ouvir a Palavra de Deus pregada em outro lugar permitirá que a pessoa cresça para que, um dia, possamos nos reconciliar. E provavelmente eu também tenho que crescer em algo. É mais importante que as pessoas estejam sob uma liderança em que confiam do que sob *minha* liderança. A boa notícia é que toda igreja que prega o evangelho está jogando pelo mesmo time do reino.

### E os diáconos?

Além de pastores/presbíteros e membros, o Novo Testamento reconhece um outro ofício: o diaconato. Os diáconos não são um segundo corpo decisório, como uma espécie de legislatura bicameral com a Câmara dos Deputados contrabalanceando o Senado. Antes, Deus dá os diáconos para fazerem três coisas: (1) identificar e servir às necessidades tangíveis; (2) proteger e promover a unidade da igreja; e (3) servir e apoiar o ministério dos presbíteros. Falando figurativamente, se os presbíteros disserem: "Vamos neste carro para São Paulo", não é função dos diáconos responder dizendo: "Não, vamos para Brasília". Em vez disso, eles servem aos presbíteros e a toda a igreja se responderem dizendo: "O motor deste carro não nos levará até São Paulo".

A história em Atos 6 nunca usa o substantivo *diácono*, mas usa a mesma palavra como um verbo. Nossa Bíblia a traduz como "servir". O cenário é o seguinte: a igreja em Jerusalém estava se dividindo em vertentes étnicas — como frequentemente parece ser o caso na história mundial. As viúvas de fala grega estavam sendo negligenciadas na distribuição de alimentos em comparação com as viúvas de fala hebraica. Os apóstolos observaram que não seria bom para a igreja se eles "servissem [*diakonein*] às mesas" (At 6.2), visto que foram chamados a se dedicar à pregação da Palavra (ou, como está no original, "à diaconia da Palavra", v. 4) e à oração. Portanto, eles instruíram a igreja a encontrar pessoas piedosas que pudessem fazer o serviço de garantir que as viúvas fossem sustentadas. Cuidar do bem-estar físico das pessoas personifica o cuidado de Deus, com frequência as beneficia espiritualmente e serve de testemunho para os que estão fora da igreja.

Por trás do cuidado físico está um segundo aspecto do trabalho de um diácono: se esforçar pela unidade do corpo. Cuidando das viúvas, os diáconos ajudaram a tornar a distribuição de alimentos entre essas mulheres mais justa. Isso foi importante porque a negligência *material* estava causando desunião *espiritual* no corpo (veja At 6.1). Os diáconos foram designados para evitar a desunião na igreja. O trabalho deles era atuar como amortecedores para o corpo.

Em um terceiro nível, os diáconos foram selecionados para apoiar o ministério dos apóstolos. Por meio de seu ministério para com as viúvas, os diáconos auxiliavam os mestres da Palavra em seu ministério. Nesse sentido, os diáconos são fundamentalmente encorajadores e apoiadores do ministério dos presbíteros. O resultado? "Crescia a palavra de Deus, e, em Jerusalém, se multiplicava o número dos discípulos" (At 6.7).

Se todo cristão é chamado a servir e a trabalhar para manter a unidade da igreja, por que reconhecer formalmente o ofício de diácono? Porque lembra à igreja como esse serviço está próximo do coração do evangelho e de nosso Senhor Jesus Cristo, que não veio para ser servido, mas para servir, como ele diz. E a palavra que ele usa para "servir" é a palavra que traduzimos como "diácono" (Mc 10.45). Jesus veio exercer "diaconia". Assim como os presbíteros servem de exemplo de vida segundo a doutrina cristã, os diáconos servem de exemplo de vida para o serviço.

Louve a Deus pelos dons dos presbíteros e dos diáconos. Conforme você redescobre a igreja, esperamos que esta palavra fique gravada em sua mente: *dádivas*. Deus ama você e lhe deu estas dádivas: presbíteros e diáconos. Você os vê como dádivas de Deus? Você agradece a Deus por eles como dádivas? Você pode fazer isso. Eles fazem o que fazem para o seu bem e para o avanço do evangelho. Deus lhes deu uma séria responsabilidade: "velam por vossa alma, como quem deve prestar contas" (Hb 13.17). Podemos confiar neles para fazerem esse trabalho — e obedecê-los — quando confiamos que o Deus que conhece e vê todas as coisas lhes pedirá contas.

## Leitura recomendada

Jeramie Rinne, *Presbíteros: pastoreando o povo de Deus como Jesus* (São Paulo: Vida Nova, 2016).

Matt Smethurst, *Deacons: how they serve and strengthen the church* (Wheaton, IL: Crossway, 2021).

# Conclusão: Não a igreja que você deseja, mas algo melhor

**Queremos concluir este livro com duas histórias.** Primeiro, conheçam Thiago e Alice. Esses não são seus nomes verdadeiros, e alteramos alguns detalhes, mas são pessoas reais. Thiago e Alice passaram vários anos servindo como missionários em uma grande cidade na Ásia, nutrindo pouca comunhão com a igreja. Agora eles moram em uma grande cidade com muitas igrejas no sul dos Estados Unidos e vão à igreja todas as semanas.

Infelizmente, o tempo que passaram no campo missionário foi difícil para seu casamento, e eles acabaram gerando um padrão de brigas sem fim. Pergunte a Thiago, e ele dirá que Alice o critica incessantemente. E, verdade seja dita, ele começou a se perguntar se consegue ficar casado com essa mulher pelo resto da vida. Alice sente o mesmo. O charme descontraído de Thiago, que faz todo mundo sorrir, faz seu estômago embrulhar. Onde está esse charme quando ele chega em casa mal-humorado, trata as crianças com rispidez e questiona o que ela fez em seu dia? Ela se pergunta por que, afinal, se casou com ele.

No entanto, há outro problema por trás de tudo isso: eles não se relacionam realmente com as pessoas em sua igreja. Eles vivem na periferia. Eles aparecem no domingo para uma hora e meia de culto, mas isso é tudo. Ninguém sabe que estão tendo dificuldades, e eles nunca compartilham suas lutas.

Ironicamente, Thiago e Alice se consideram cristãos maduros. Ambos dirigiram estudos bíblicos desde seus dias de liderança estudantil em grupos cristãos na faculdade. Eles sabem como usar a linguagem certa ao orar na frente de outras pessoas. No entanto, estão mais tomados de orgulho do que imaginam. Não reconhecem o quanto precisam da igreja e como Jesus deseja cuidar deles por meio de sua igreja. Assim, eles permanecem na periferia, deixando a igreja sem saber de seus problemas e limitando o bem que ela poderia fazer.

O que queremos para Thiago e Alice? Queremos que eles se humilhem e se envolvam mais profundamente na igreja, mesmo que isso signifique fazer sacrifícios. Eles podem procurar maneiras de reduzir suas ocupações semanais para construir relacionamentos. Podem repensar seus planos de férias e feriados e procurar formas de envolver os membros nesses planos. Francamente, podem até pensar em se mudar para mais perto da igreja para que pontos de contato frequentes sejam mais fáceis. Pegar alguns mantimentos e deixá-los na casa de outros membros facilmente se torna uma conversa de trinta minutos, algo que raramente acontece quando você mora a meia hora da igreja. Essas conversas não planejadas não são boas para sua agenda, mas podem ser boas para sua alma.

Aqui está uma segunda história, agora sobre Juliana. Ela cresceu com um padrasto que abusou dela física e sexualmente, seguido por um lar adotivo onde ocorreu o mesmo abuso. Pela graça de Deus, ela se tornou cristã quando jovem e se casou com um homem cristão. No entanto, os primeiros anos de casamento foram difíceis por causa de todos os medos, as cicatrizes, as raivas e as feridas que ainda estavam dentro dela.

Maravilhosamente, Deus deu a Juliana um marido piedoso e uma igreja amorosa. Nos primeiros anos de casamento, o casal passou muito tempo em aconselhamento pastoral. Juliana também passava muito tempo com outras mulheres na igreja. Todas as semanas, eles se sentavam para ouvir a pregação da Palavra de Deus e para o estudo bíblico.

Aos poucos, a pessoa de Juliana foi se abrindo, como uma tímida flor aquecida pelo sol. Ela aprendeu a confiar. Aprendeu a controlar seu temperamento violento. Parou de ver todos em sua vida como uma ameaça e cada minuto de seus dias como uma batalha por controle e autoproteção. Além disso, começou a não olhar só para si e aprendeu a amar e focar nas outras pessoas. Onde elas estão feridas? Que fardos carregam? Como ela poderia dedicar-se para amá-las? Os familiares e amigos não cristãos que a conheceram quando criança podiam apenas se maravilhar.

O que queremos para Juliana? Queremos que ela prossiga. Queremos que continue investindo nos outros, enquanto segue buscando outros que invistam nela.

Você não precisa ser extrovertido para ser um membro fiel da igreja. Algumas pessoas têm muita energia emocional para gastar, outras têm pouca. Estamos apenas dizendo: gaste o que você tem. Seja fiel em relação a todos os recursos que Deus lhe deu para amar e ser amado por sua igreja.

### Pare de ficar escolhendo

Como dissemos no início do livro, você tem muitos motivos para não ir à igreja. É por isso que vemos este momento da história como uma oportunidade de redescobrir a igreja. O afastamento da igreja não começou com uma pandemia ou com partidarismo político. O mundo cultiva em todos nós instintos que fazem pressão contra a visão da igreja que você encontrou neste livro. Se as igrejas esperam prosperar durante quaisquer situações desconhecidas que o futuro reserva, elas devem ser redescobertas.

A própria linguagem que as pessoas usam hoje para descrever a procura de uma igreja sugere o problema fundamental. As pessoas falam sobre "escolher" uma igreja. Quando você está "escolhendo" uma igreja, está perguntando o que essa igreja pode fazer por você, não o que você pode fazer pela igreja. "Escolher" também sugere que a igreja é uma questão de mera preferência, como optar entre marcas de ketchup. E o cliente tem sempre razão. A lealdade dura apenas enquanto a igreja continua atendendo às suas necessidades.

Considere o papel desempenhado pela tecnologia. Já discutimos como a igreja online em vídeo e podcasts deixa a impressão de que não precisamos de outros cristãos comuns para o nosso crescimento espiritual. Se pudermos encontrar nosso louvor favorito no Spotify e nosso pregador favorito no YouTube, então podemos selecionar uma experiência espiritual personalizada que supera qualquer esforço malfeito que encontramos em nosso bairro enquanto nos acotovelamos por espaço contra famílias alvoroçadas que não nos importamos em conhecer.

No entanto, o desafio que as novas tecnologias representam para as igrejas não começou ontem. Não somos os primeiros a observar que o automóvel efetivamente acabou com a disciplina eclesiástica em muitas igrejas. De repente, alguém pode se divorciar de sua esposa sem motivo e simplesmente ir de carro a outra igreja em um bairro ou uma cidade diferentes. Ele nunca precisará se arrepender publicamente mediante a exigência dos líderes da igreja, os quais são chamados para proteger e cuidar de sua ex-esposa e filhos. A questão não é que novas tecnologias sejam necessariamente ruins, mas, sim, que elas criam novos desafios que muitas vezes não percebemos.

E assim, continuamente, a igreja precisa ser redescoberta. Isso porque somos todos inclinados a esquecer o que Deus quer para nós. O apóstolo Paulo disse aos filipenses: "Nada façais por partidarismo ou vanglória, mas por humildade, considerando cada um os outros superiores a si mesmo. Não tenha cada um em vista o que é propriamente seu, senão também cada qual o que é dos outros". Então, ele apontou para o exemplo de Jesus: "pois ele, subsistindo em forma de Deus, não julgou como usurpação o ser igual a Deus; antes, a si mesmo se esvaziou, assumindo a forma de servo, tornando-se em semelhança de homens" (Fp 2.3, 4, 6, 7). Jesus se humilhou na morte de cruz para que pudesse ser exaltado por Deus. Se quisermos unidade em amor na igreja, devemos seguir o mesmo caminho de abnegação. Nenhum outro caminho chegará ao cume, onde encontramos a aprovação de Deus: "Muito bem, servo bom e fiel" (Mt 25.21).

Eu (Collin) conheço um pastor que costuma dizer que ninguém tem a igreja que deseja, mas todos recebem a igreja de que precisam. Todos precisamos de igrejas que nos chamem para algo maior do que nós mesmos. Precisamos de igrejas que nos chamem, em última instância, para Deus. Quando seguimos o exemplo de Jesus, temos a igreja de que precisamos.

## Instituição formativa

Atualmente somos todos treinados para alavancar instituições como família, trabalho e escola a fim de atingir nossos objetivos pessoais de atenção e aceitação. Assim que conseguimos o que queremos ou quando a instituição nos pede algo que não queremos dar, podemos descartá-la e seguir para outro objetivo. Arrumar um novo emprego, uma nova família, uma nova escola.

Contudo, o crescimento pessoal geralmente não funciona dessa maneira. Em geral, os relacionamentos não mudam você para melhor se não o desafiarem no seu pior. Considere: Quem são as pessoas mais importantes em sua vida? Eles apenas concordam com você e com todas as decisões que você toma? Ou você confia que eles o amarão incondicionalmente e o suficiente para lhe dizer a verdade? Relacionamentos com familiares e amigos são construídos ao longo de bons e maus momentos. Eles irão celebrá-lo nos seus melhores momentos, apoiá-lo nos piores e o protegê-lo nos mais vulneráveis.

Esse é o tipo de igreja que devemos redescobrir. A igreja não é apenas mais uma instituição que usamos para compor um currículo e incrementar nossa descrição. A igreja nos transforma em homens e mulheres de Deus. Ficamos mais fortes juntos. Ao mesmo tempo, aprendemos mais sobre quem Deus deseja que sejamos como indivíduos — nossas habilidades e paixões distintas. A igreja não apaga nossas personalidades. Ela as fortalece ao nos conectar com o Criador que nos fez como somos e com outros que despertam amor e força que sequer imaginávamos ter. Você pode não ter a igreja que queria. Mas recebe a igreja que jamais soube que precisava.

Nós dois não somos ingênuos sobre quantas igrejas ficam aquém dessa visão. Você pode pensar que subestimamos os desafios. Pelo contrário, por causa de nossas posições, sabemos muito mais do que a maioria sobre o lado obscuro das igrejas. Nós mesmos o experimentamos, o ouvimos por meio de outras pessoas e o vimos junto com amigos e familiares. E não estamos pedindo que você tolere abusos ou heresias teológicas. Não estamos endossando igrejas indiscriminadamente ou tolerando o uso indevido de poder e autoridade que sabemos ser comum entre as igrejas, quer no passado, quer no presente.

No entanto, acreditamos que você deve esperar atritos na igreja. Você não deve esperar se dar bem com todo mundo. Não deve esperar compartilhar a mesma visão, as mesmas prioridades, as mesmas estratégias. Esses momentos de atrito são um teste para todos nós. Eles nos fazem pensar se outra igreja próxima seria mais fácil. E até pode ser, pelo menos por um tempo; entretanto, provavelmente não será para sempre, porque naquela igreja você encontrará pecadores redimidos pela graça. E você ainda será um pecador redimido pela graça. Você encontrará o bom e o mau, talvez em menor nível. Porém, nenhuma igreja antes da volta de Jesus pode evitar todas as discordâncias e decepções.

Pense na igreja como algo semelhante a ondas batendo sobre rochas. As ondas são a igreja. Você e outros membros da igreja são as rochas. Dia após dia, ano após ano, as ondas batem sem cessar. Elas se precipitam sobre cada pedra e as empurram umas contra as outras. De um mês para outro, você provavelmente não notará muita diferença. Contudo, ao longo dos anos, quem sabe décadas, você perceberá a mudança. Conforme as ondas quebram e as pedras batem umas nas outras, suas extremidades irregulares tornam-se lisas. Elas adquirem um brilho polido ao sol. Não há duas rochas que saiam do processo com o mesmo tamanho ou forma. Mas, à sua maneira, cada uma se torna bela.

Não devemos nos surpreender que Pedro, a própria "pedra", use a imagem das pedras para descrever a igreja. Primeiro, Pedro quer que vejamos que a igreja foi construída sobre o fundamento de Jesus. Ele aplica Isaías 28.16 a Jesus: "Eis que ponho em Sião uma pedra angular, eleita e preciosa; e quem nela crer não será, de modo algum, envergonhado" (1Pe 2.6).

Segundo, ele quer nos mostrar que Deus não esperava que todos vissem Jesus como algo precioso. Para estes, Pedro cita Salmo 118.22 ("A pedra que os construtores rejeitaram, essa veio a ser a principal pedra, angular") e Isaías 8.14 ("Pedra de tropeço e rocha de ofensa") em 1Pedro 2.7, 8.

Terceiro, ele quer que vejamos que Jesus construiu algo belo — nós, a igreja: "Chegando-vos para ele, a pedra que vive, rejeitada, sim, pelos homens, mas para com Deus eleita e preciosa, também vós mesmos, como pedras que vivem, sois edificados casa espiritual para serdes sacerdócio santo, a fim de oferecerdes sacrifícios espirituais agradáveis a Deus por intermédio de Jesus Cristo" (1Pe 2.4, 5).

Você não precisa entender todas as alusões ao Antigo Testamento aqui para admirar o que Deus fez na igreja.

Ao crermos em Jesus, fomos salvos de nossos pecados por Deus e para Deus. Não fomos salvos por nós mesmos e para nós mesmos. Deus está construindo algo muito maior do que qualquer um de nós. Pedro mal pode conter sua emoção:

> "Vós, porém, sois raça eleita, sacerdócio real, nação santa, povo de propriedade exclusiva de Deus, a fim de proclamardes as virtudes daquele que vos chamou das trevas para a sua maravilhosa luz; vós, sim, que, antes, não éreis povo, mas, agora, sois povo de Deus, que não tínheis alcançado misericórdia, mas, agora, alcançastes misericórdia" (1Pe 2.9, 10).

Há muita coisa acontecendo na sua igreja local quando: o sistema de som não funciona; a reunião acontece em um espaço aberto porque, lá dentro, ninguém está seguro por causa de uma doença; as crianças choramingam por comida; a irmã Berenice ronca durante a benção; o irmão José posta algo ridículo no Facebook; e o pastor não tem tempo suficiente para preparar o sermão porque teve um funeral e três visitas inesperadas ao hospital. Ao redescobrir a igreja, você verá beleza onde grande parte do mundo vê apenas pedras.

## Apenas apareça

Escrevemos este livro para ajudá-lo a redescobrir a igreja, para que você pudesse ver por que o corpo de Cristo é essencial. E agora? Qual é o próximo passo? Temos boas notícias. É mais fácil do que você imagina. Apenas apareça e pergunte como você pode ajudar.

Isso mesmo, essa é a grande lição do livro. Quando eu (Collin) converso com novos membros da igreja, faço uma grande promessa. E, até agora, ninguém voltou para reclamar de tê-los enganado. Eu prometo que, se eles comparecerem de forma consistente (em nossa igreja, isso significa culto comunitário aos domingos e grupos nos lares às quartas-feiras) e procurarem cuidar dos outros, obterão tudo o que desejam da igreja. Pode ser crescimento espiritual, amizades, conhecimento bíblico ou ajuda prática. Eles conseguirão o que quiserem da igreja cumprindo apenas essas duas tarefas simples.

Se você não participa regularmente, não obtém a experiência formativa da igreja. Você não cresce em conhecimento bíblico por meio do ensino ou em profundidade relacional por meio da oração com os outros. E, se não busca o bem dos outros, você aprende a julgar a igreja pela falha dela em atender às suas necessidades e pela falha dos outros em envolvê-lo. Nenhum de nós jamais viu pessoas redescobrirem a igreja e conseguirem o que desejam da comunidade sem comparecerem constantemente e perguntarem aos outros como podem ajudar.

Lembre-se, você é o corpo de Cristo. Você pode ser uma mão, uma orelha ou um olho. Seja qual parte for, você é essencial. O corpo não funciona corretamente sem você. E você precisa do corpo de Cristo. Então apareça e pergunte. Outros cristãos precisam de você mais do que você imagina. Um dia você entenderá o quanto precisava deles também.

# Agradecimentos

Collin gostaria de agradecer a David Byers por sua oração e seu apoio palpável enquanto ele escrevia este livro. Além disso, reconhecemos com gratidão que pequenas partes dos seguintes artigos e livros foram adaptados para este livro com permissão: *capítulo 2*: Jonathan Leeman, The corporate component of conversion (29 fev. 2012, 9Marks.org); *capítulo 3*: Jonathan Leeman, Do virtual churches actually exist? (9 nov. 2020, 9Marks.org); Jonathan Leeman, Churches: The embassies and geography of heaven (20 dez. 2020, 9Marks.org); *capítulo 5*: Jonathan Leeman, Church membership is an office and a job (7 maio 2019, 9Marks.org); *capítulo 6*: Jonathan Leeman, *Is it loving to practice church discipline?* (Wheaton, IL: Crossway, 2021); Jonathan Leeman, The great American heartache: why romantic love collapses on us (21 nov. 2018, DesiringGod.org); *capítulo 9*: Jonathan Leeman, Church membership is an office and a job (7 maio 2019, 9Marks.org); Jonathan Leeman, *Understanding the congregation's authority* (Nashville: B&H, 2016).

**FIEL**
MINISTÉRIO

O Ministério Fiel visa apoiar a igreja de Deus, fornecendo conteúdo fiel às Escrituras através de conferências, cursos teológicos, literatura, ministério Adote um Pastor e conteúdo online gratuito.

Disponibilizamos em nosso site centenas de recursos, como vídeos de pregações e conferências, artigos, e-books, audiolivros, blog e muito mais. Lá também é possível assinar nosso informativo e se tornar parte da comunidade Fiel, recebendo acesso a esses e outros materiais, além de promoções exclusivas.

Visite nosso site

**www.ministeriofiel.com.br**

# **IX** 9Marcas

Sua igreja é saudável? O Ministério *9Marcas* existe para equipar líderes de igreja com uma visão bíblica e com recursos práticos a fim de refletirem a glória de Deus às nações através de igrejas saudáveis.

Para alcançar tal objetivo, focamos em nove marcas que demonstram a saúde de uma igreja, mas que são normalmente ignoradas. Buscamos promover um entendimento bíblico sobre: (1) Pregação Expositiva, (2) Teologia Bíblica, (3) Evangelho, (4) Conversão, (5) Evangelismo, (6) Membresia de Igreja, (7) Disciplina Eclesiástica, (8) Discipulado e (9) Liderança de Igreja.

Visite nossa página

## www.pt.9marks.org

## TGC | COALIZÃO **PELO EVANGELHO**

A Coalizão pelo Evangelho ajuda a igreja brasileira fazer discípulos de todas as nações, fornecendo recursos centrados no evangelho que são confiáveis e oportunos, relevantes e sábios.

Guiado por um conselho de mais de 25 pastores de tradição reformada, a Coalizão pelo Evangelho busca expandir o ministério centrado no evangelho para a próxima geração, produzindo conteúdo (incluindo artigos, podcasts, vídeos, cursos e livros) e aproximando líderes (incluindo conferências e eventos virtuais).

Em tudo isso, queremos ajudar cristãos ao redor do mundo a entender melhor o evangelho de Jesus Cristo e a aplicá-lo em toda sua vida no século 21. Queremos oferecer a verdade bíblica em uma era de grande confusão. Queremos oferecer a esperança do evangelho aos que estão à sua procura.

Junte-se a nós para ser capacitado a amar a Deus com todo o seu coração, toda a sua alma, toda a sua mente e toda a sua força, bem como a amar seu próximo como a si mesmo. Acesse:

coalizaopeloevangelho.org

Este recurso foi disponibilizado pelo Ministério Fiel, 9Marcas e Coalizão pelo Evangelho. Para saber mais sobre o movimento "Igreja é essencial", baixar gratuitamente outros formatos e ouvir o audiolivro, acesse:

https://fiel.in/igreja-essencial

Esta obra foi composta em AJensonPro Regular 11,7, e impressa
na Promove Artes Gráficas sobre o papel Polen 70g/m²,
para Editora Fiel, em Março de 2024